金星出版
命理生活新智慧・叢書
VENUS PUBLISHING CO.

命理生活新智慧・叢書40

紫微斗數全書詳析

《批命篇》

http http://www.venusco555.com
E-mail: venusco@pchome.com.tw

法雲居士◎著

金星出版

國家圖書館出版品預行編目資料

紫微斗數全書詳析《批命篇》／法雲居士著，--第1版.--臺北市：金星出版：紅螞蟻總經銷，2001[民90]
面； 公分--（命理生活新智慧叢書；40）

ISBN 957-8270-29-1 （批命篇；平裝）

1.命書

293.1 90000866

紫微斗數全書詳析《批命篇》

作　　者：法雲居士
發 行 人：袁光明
社　　長：袁靜石
編　　輯：王璟琪
總 經 理：袁玉成
出版部主任：劉鴻溥
出 版 者：金星出版社
社
電
地址：台北市南京東路3段201號3樓
電話：886-2--25630620●886-2-2362-6655
址已變更
電
FAX：886-2365-2425
郵政劃撥：18912942金星出版社帳戶
總 經 銷：紅螞蟻圖書有限公司
地　　址：台北市內湖區舊宗路二段121巷28・32號4樓
電　　話：(02)27953656(代表號)
網　　址：
http://www.venusco555.com
E-mail　：

版　　次：2001年4月第1版　2004年1月再版
登 記 證：行政院新聞局局版北市業字第653號
法律顧問：郭啟疆律師
定　　價：350 元

行政院新聞局局版北字業字第 653 號
(本書遇有缺頁、破損倒裝請寄回更換)

ISBN：957-8270-29-1 (平裝)

序

『紫微斗數全書詳析』本來預訂只做上、中、下冊的，但因為內容解析長達四十多萬字，故將『批命篇』單獨成一冊，是故此書成為四冊一套的書籍了。

縱觀坊間的書市上，翻印『紫微斗數全書』的出版社很多，卻沒有真正能通譯解析『紫微斗數全書』之內容的書籍。而且每每在翻印的過程中有諸多誤謬。以及在斗數全書上所加之註解也有錯誤的地方。很多人也因為斷句的關係，將斗數全書中的句子做了錯誤的解釋，往往愈解釋愈不通。再加上原註釋之人，可能是以八字的觀點來解釋紫微星曜和格局，常有不切實，或不通的地方。因此這套『紫微斗數全書詳析』四冊的套書，很可能是目前坊間最詳細、最清楚、最完整的將紫微斗數的精華和觀念呈現給愛好紫微命理人士的一套書籍了。

我在『斗數詳析』的上、中、下冊的序文中曾談到：紫微斗數的原始文字，原來只存在於幾篇賦論之中，例如太微賦或形性賦、星垣論之類的文章，後人又加之於『斗數發微論』、『重補斗數轂率』、『增補太微賦』等的文章，以及歌訣、注解，現在的人將這些文章、文字彙集成書，統稱為『紫微斗數全書』。因此這本所謂的『紫微斗數全書』實際上並不是真實的、嚴謹的有這麼一部書，而且由歷代彙集文章而集成的一本書。所以在原文內文上常有重複的字句、或矛盾之處。尤其在後人添加的小註上也有些註釋是不對的。而且對於星曜的位置、旺弱常有弄錯的部份。因此某些註釋是讓大家更為糊塗的。現在我將這問題一一提出，重新作出完整的、校勘式的校訂。我想能更有助於愛好紫微斗數人士學習的正確方向了！

現今我們來看這部『紫微斗數全書』，因時代不同的關係，會在人生價值觀上的介定不同，例如古代以主貴為人生第一要務和好命格，現今因工商發達，主富為今人更重要的課題。因富而得貴，似乎更易如反掌。並且現今男女關係開放，有關淫邪的標準也不再那麼嚴苛了。是故古人以貪狼坐命之女子為淫邪之命，就似乎太嚴苛了，但『廉貪陀』等淫格，仍是會影響其人的人生境遇的。

在『紫微斗數全書詳析』的上冊，談的是斗數原始論賦中的幾篇精神性代表的文章，也包括定富貴貧賤的格局。中冊談的是斗數中各類星曜的排定與代表意義。下冊談的是斗數星曜在十二宮中的代表意義。《批命篇》談的是各種星曜聚集時所代表的人生成就意義，同時也是論命最後階段的蓋棺論定的總言。希望此書對一些初識紫微斗數、或對古典原文看不太懂的人，有所助益，也歡迎大家一同來討論『紫微斗數全書』這本書。

法雲居士　謹記

紫微斗數全書詳析《一套四冊》

命理生活叢書40

紫微斗數全書詳析《批命篇》

紫微斗數全書詳析《批命篇》

1. 紫微斗數全書中『談星要論』之詳析

【原文】

談星要論

看身命，祿馬不落空亡、天空、截空最緊，旬空次之。第一、看命主吉凶廟旺，化吉化忌生剋。次看身主吉凶生剋，三看遷移、財帛、官祿三方星辰刑沖剋破，四看福德宮權祿劫空廟陷，以福德對財帛宮也。

身、命、遷移、財官、福德、六宮，名曰八座。俱在成照聚吉化吉，富貴高壽。六宮俱陷，聚凶化忌夭壽貧孤。若卯酉時生人者尤外，有田宅、疾厄已錄於后。

又看父母、妻、子三宮，俱有劫空、殺忌，僧道之命；否則孤獨貧窮。若命宮無正曜者，財官二宮有吉星拱照，富貴全美，或偏房庶母所生。三方有惡星沖照或二姓可延生；離祖可保成家。如命宮有正曜吉星廟旺化吉，三方又有吉星會合，上上之命。如無正曜吉星，三方有吉，上次之命。

命宮星辰無吉無凶或吉凶相半者，如三方亦有中等星辰為中格；及命宮星辰入廟旺，三方有惡星守照破格；及命星陷背加羊陀化忌劫空得十干祿元來相守化吉，亦為中等之命。

若命無吉星，返有凶殺、化忌、無祿、落陷為下格之命。三方有吉星亦可為中等，先小後大，不能久遠，終為成敗夭折論。

若安命星纏陷地又加凶殺化忌，三方又會羊陀火鈴空劫，為下格貧賤、二姓延生、奴僕之命。否則夭折，六之畜命。

【原文解釋】

談星要論

論命時，要先看其人命盤中命宮和身宮中的星曜，最好在有祿存、化祿、天馬同宮時，不會有空亡、天空、截空來同宮，是最要緊的事情。有旬空同宮也不好，但是是次要的不吉。論命最重要的是：第一、要看命宮中主星是吉星，還是凶星？並且要看是否在廟旺之位。還要看此星是否帶有化星？是有化祿、化權、化科（上述是化吉之星）？還是有化忌星（此為凶星）相隨。有化吉之星為相生，有化忌之星為相剋。第二、是看身宮中之主星是吉星、是凶星，是相生、還是相剋。第三、是看遷移宮、財帛宮、官祿宮的三合宮位中有沒有煞星存在，會刑剋，或相沖命宮，或是破壞命理格局。第四、是看福德宮有沒有化權、化祿，或是有沒有地劫、天空等星，或是看福德宮中的星是廟旺還是居陷位的。這是因福德宮會和財帛宮相對、相照而影響財運之故。

身宮、命宮、遷移宮、財帛宮、官祿宮、福德宮六個宮位，稱做『八座』。都是在相互對照的情形，有吉星聚集就會一切吉祥，有富貴長壽的人生。上述六個宮位的星曜都居陷，或是有凶星聚集，或有化忌星在內，就會有短命、貧困、孤獨的人生。倘若是卯時、酉時生的人會吉凶更甚，另外有關田宅宮、疾厄宮的部份在後面會談到。

其次再看父母宮、夫妻宮、子女宮，要都有地劫、天空、殺星、化忌星時，是做和尚、道士的命格。不做和尚、道士，就是孤獨、貧窮的人。倘若命宮沒有正曜主星的人，而財帛宮、官祿宮二宮有吉星，會拱照命宮時，也會有富有貴，有美滿的格局。此人會是姨太太、二房所生的子女。命宮的三合宮位中有惡星（煞星）沖照的人，會改姓氏，有另一個姓氏。離開原來的親生父母，可平安長大而成家。如果命宮有主星正曜，並且又是吉星居廟旺之位，或有科、權、祿等化星的命格，三合宮位中又有吉星來相會拱照的命格，是最上等的命格。如果沒有正曜主星或吉星，三合宮位（指『財、官』二宮）有吉星相照，算是上等命格中，較次之，第二等的命格。

命宮中的星曜沒有吉星，也沒有凶星，或是有吉星也有凶星各居一半一起同宮的命格，如果三合宮位（指財、官二宮）中有中等的星曜（不吉也不凶的星曜）為中等的命格。另一種是命宮中星曜居廟旺，三合宮位（指財、官二宮）有惡星（煞星）相守照來破格的命格，亦是中等命格。還有一種是．命宮中的主星居陷，或是日月反背，沒有亮度，再加擎羊、陀羅、化忌、地劫、天空等星同宮，但有化祿星、祿存星在三合宮位（指財、官二宮）來相守照的命格，亦為中等命格。

倘若命宮沒有吉星，反而有凶星、殺星、化忌星在命宮，而且命宮主星沒有化祿或祿存，或是命宮主星又居陷落之位的命格為下等命格。但是若在三合宮位中有吉星相照守的，也可為中等命格。此命格會做事先小後來漸漸變大有成就但不長久，最後終於失敗，或是會夭折短命來論之。

倘若命宮中的星曜居陷，又有凶星、煞星同宮，並且又加化忌同宮的命格，在三合宮位中又有羊、陀、火、鈴、劫、空來照守時，此為下等命格，會貧窮、下賤、中途改姓或為做奴僕之命格。要不然就會早夭，或為畜牲之命格（形容過貧賤不似人的生活）。

2. 論人命入格

【原文】

論人命入格

如命入格廟旺聚吉，科權祿守，上上之命。不入廟加吉、化吉科權祿，上次之命。不入廟不加吉，平常命。入廟不加吉，平等。若居陷地又加殺、化忌，為下格之命。不以入格而論也。

又入格不化吉而化凶，只以本命吉凶多寡而斷之。

【原文解釋】

如果命宮中之主星形成好的格局，又是居廟旺，為吉星同宮，或有化科、化權、化祿同宮者，為最最上等的命格。命宮主星不在廟位，有吉星同宮，或有化祿、化權、化科同宮的命格為最上等命格中稍次等的命格。命宮主星不在廟位，又沒有吉星同宮時，為平常人之命格。命宮主星在廟位，但沒有吉星或化吉星同宮的（指化科、化權、化祿），是上等命格中居平等級的命格。倘若命宮主星居陷位，又有煞星，又加化忌星同宮的命格，是下等格局之命格。此等格局就是不入格之命來論之了。

另外，命宮主星在入格之位，而有化忌或煞星化凶來同宮的，只是看其人本命中有多少吉星或凶星來論斷了。

3. 論格星數高下之詳解

【原文】

論格星數高下

紫府與數相合何如?紫微南北斗中天帝主,天府乃南斗主。又有陰陽相半者,看陰陽不相半。又數不相生為下格。陰陽純駁為中格。又三方四正皆吉星為上格,吉凶相半守照為中格,吉星惡殺為下格,凶徒論。

凡星得上格而數得上格,為第一位。凡星得上格而數得中格,為第二位,至三公。星得上格而數得下格,為第三位,至六卿。皆為上格,上壽之人。星得中格而數得下格,為第四位,至監司。星中數中為第五位,至縣令。星中數下為第六,異路前程貴顯,皆得中等享福之人也。

又星得下格而數得上格，為第七，衣祿豐足富比陶朱，子孫蕃盛，壽享遐齡。以星雖凶而文入格合局。故也再否。虛名虛利。

星下數中為第八，衣食無虧。星下數下為第九，辛苦奔波貧窮夭折。上、中、下三等依理而斷也，則上可以知祖宗之源，而下可以知子孫之昌盛也。

【原文解釋】

論命格星數的高等或下等

命宮是紫微、天府坐命時，要看與命中之數是否相合。紫微星是南北斗中之中天斗星，也是帝座。天府星是南斗主星。要看命宮中其他的星一起加起來，有陰陽各一半的為佳。倘若命宮中的星陰陽不相當，不能平衡，有陰多或陽多的情形，並且命數不相生的為下等命格。命格中陰陽是純陰或純陽的，為中等命格。另外要看命宮的三合宮位與四方宮位中都是吉星的為上等格局。三合、四方宮位中有吉星和煞星各一半來照守的，為中等命格。吉星少、煞星多的為下等格局，以其人為凶惡之徒來論之。

凡是命宮中的主星是居於上格，而數也是居於上格的，為第一位命格高，有富貴、好命的人。凡是命宮中的主星居於上格，而數是居於中格的，是第二等好命的人，官位可做至內閣首長之職。命宮中的主星為上格，而數為中格的人，為第三等好命的人，官可做到六部部長之職。以上都是上等格局的人，也是具有高壽的人。

命宮中的主星為中等格局，而數為下等格局的，為第四等好命的人，官位可做至監察官。命宮中之主星為中格，數也是中格的人，為第五等命格的人，可做官做到縣長之職。命宮中主星為中格，而數為下等格局的人為第六等命格的人，會從別的路子異軍突起而做官顯揚，可以得到中等的福氣，亦是可享受到福氣的人。

命宮中的主星是下格，而數得上格的人為第七等人，可以有富足的生活，家財萬貫，子孫多，長壽享福的生活。這是因命宮中的主星雖然是凶星（如殺、破、狼）而帶有文星而合格，或為特殊格局的原故（例如有火貪格之類）。倘若是不成格局的人，也不能享受上述的福氣，並且一生是虛幻的名聲和虛幻的富貴，會大起大落，起伏不定。

命格中之主星是下格，數是中等格局的，為第八種等級之命格。會衣食無虞，有溫飽的生活。命宮中之主星為下格，數也是下格的人，會一輩子辛苦奔波，生活貧窮，並且會早早的夭折。上等命格、中等命格、下等命格，是依照上述的道理來斷定的。並且由此就可知道其人上輩祖先的淵源了。也可知道其人後輩到子、孫輩以後是否會繁榮昌盛的情形了。

4. 論男女命異同

【原文】

論男女命異同

男女命不同，星辰各別。男命先看身、命，次看財帛、官祿、遷移。俱要廟旺為吉，敗陷聚凶為凶。三看福德，權祿劫空廟陷吉忌。外看田宅、妻妾、疾厄宮，吉凶已錄於後。

又看父母、妻、子三宮俱有劫空殺忌，則僧道之命。否則貧窮孤獨。需要仔細參詳，方可斷人禍福榮辱。

女命先看身、命吉凶。如貪狼、七殺、擎羊則不美。次看福德宮吉凶，若七殺單居福德必為娼婢。三看夫君，四看子媳、財帛、田宅，若桃花刑殺，要敗絕空吉為吉。若諸吉廟旺不佳，雖是艱苦貧困亦不為下賤夭折論。

女因夫貴，女命貴格反為無用。以子媳、夫君、福德為正強。田宅、財帛為次強。官祿、遷移、七殺為陷。

【原文解釋】

男人與女人論命的方法是不一樣的，所代表的星辰也不一樣。看男子的命運，首先要看身宮、命宮。其次要看財帛宮、官祿宮、遷移宮。上述這些宮位中的主星一定要在廟旺之位為最好。以主星居陷、耗陷，有凶星多個聚集在宮位中為主凶。第三個階段要看福德宮，有沒有化權、化祿等吉星在內？有沒有地劫、天空在內？主星是居廟還是居陷？主星是吉星？還是凶星？有沒有帶化忌星等的問題。另外還要看田宅宮、夫妻宮、疾厄宮等宮是吉是凶，這些宮位的好壞講法在後面會講到。更要看父母宮、夫妻宮、子女宮好不好？這三個宮位中有地劫、天空、煞星、化忌的，則會是做和尚、道士的命格，要不然便一生貧窮、孤獨一人。以上的問題都需要一一加以仔細的考量、參考，才可斷定這個人一生的福氣、災禍、貴賤等事。

論女子的命格，先要看其人的身宮和命宮中的主星是吉星還是凶星。如果女子是貪狼坐命、七殺坐命、擎羊坐命的人，則不算好了。其次要看該女子的福德宮是好是壞？倘若是七殺單星在福德宮中，一定會做娼妓或僕人、婢女的命格。第三要看夫妻宮，有關配偶的情形。第四要看子女宮、財帛宮、田宅宮。倘若子、財、田等宮位中有桃花星、刑星、煞星同宮，就會耗敗錢財、家產。必須要有天空、地劫和桃花劫煞同宮，使桃花劫空，而輔正的命格為吉命。倘若子、財、田等宮中有吉星，但旺度不夠（居陷等），則其人雖然會過艱苦貧困的生活，但性格上不會下賤，也不會早夭來論斷。

女子因夫婿而貴顯。女子的命格主貴，反而是無用的。（這是古代的看法，女子無才便是德。今日不作此等看法。）古人女命以子女宮、夫妻宮、福德宮為主要看命的宮位，為強宮。以田宅宮、財帛宮為其次的強宮。以官祿宮、遷移宮有七殺星為居陷的弱宮宮位。（因官祿宮會相照夫妻宮，會影響夫妻感情，享受不到配偶帶來的財祿福氣。而遷移宮有七殺星，環境較凶險，一生操勞不斷，生活不順暢，容易受欺凌。）

【解析】

※現今為商業發達的時代，如果女子的命格為女強人，事業運好，亦和男子同命看法，以身、命、財、官、遷為主要宮位，福、田為次要宮位。

5. 論小兒命

【原文】

論小兒命

小兒博士、力士，上短下長。青龍、將軍，腮小頭圓。大耗，鼻仰唇縮。死符、病符，聲高性雄。官符、奏書，逢惡曜落地無聲。白虎、太歲遇七殺，幼弱遭傷，須分生剋制化之垣，更看時祿衰敗之地，後觀關殺方知壽夭窮通。

小兒初生，命中星辰廟旺，大小二限未行，斷其災少易養，父母無剋。若命坐惡殺及纏陷地，大小二限未行，斷其災多、難驚，刑剋父母。

【原文解釋】

小孩是嬰兒的時候，有博士、力士在命宮時，嬰兒的體型是上身短、下身長的。命宮中有青龍、將軍等星，其頭面是兩腮小，頭顱圓圓的。命宮中有大耗星，嬰孩會有朝天鼻，嘴唇縮進去的樣子。命宮中有死符、病符等星，嬰孩會有哭的聲音雄壯、尖高的狀況。嬰孩命宮有官符、奏書，再有煞星同宮的，生下來時會不出聲音、不會哇哇大哭。嬰孩命宮有白虎、太歲，再有七殺星時，幼年身體弱，而且容易有傷災、破相。看嬰孩的命，必須分別出命宮是否在相生、或相剋，有沒有抵制、化吉的宮位，更要看出生時間（時辰）是否是帶財祿或時間不吉衰敗無祿的情形。最後再看有沒有關口刑殺的情形，才會知道此嬰孩的壽命是否會早夭或長壽的命程。

嬰兒剛初生，命宮中主星居於廟旺之位，雖然大限、小限還未開始行運，但是可斷定此嬰孩災厄少，很好養，並且與父母沒有刑剋。倘若嬰孩的命宮有惡星、煞星，或主星陷落時，雖然大限、小限還未開始行運就可斷定此嬰孩多災多難，多驚險之事，不好養，並且刑剋父母了。

【解析】

※嬰兒不好養、多病災，或有血光。例如嬰兒是擎羊坐命者，多剖腹生產的小孩，或母親有血崩現象、體弱、開刀生產等現象，這也算已刑剋父母了。小孩多病，讓父母憂煩，常跑醫院，亦算是刑剋父母的情形之一種。

6. 定小兒生時訣

【原文】

定小兒生時訣

子午卯酉單頂門　或偏左邊二三分　寅申巳亥亦單頂　偏居右去始為真
辰戌丑未是雙頂　胞胎受定正時辰
又
子午卯酉面向天　寅申巳亥側身眠　辰戌丑未臉伏地　臨盆當試用心堅

【原文解釋】

定小孩子出生時的時辰

生於子時、午時、卯時、酉時的小孩，頭上只有一個髮漩。也可能髮漩偏向左邊二、三公分。

生於寅時、申時、巳時、亥時的小孩，頭上的髮漩亦是只有一個，會比較偏向右邊。

生於辰時、戌時、丑時、未時的小孩，頭上的髮漩會有兩個以上。這是以頭上髮漩來看出生時辰的方法。

另一個方法

小孩生於子時、午時、卯時、酉時的人，出生時會仰睡、臉朝天而出生來。生於寅時、申時、巳時、亥時的人，出生時會側身而睡的生出來。生於辰時、戌時、丑時、未時的人，出生時，臉會朝下的生出來。這些狀況必須在母親臨盆在生產過程中要用心觀察就會知道了。

7. 論人生時安命吉凶

【原文】

論人生時安命吉凶

凡男女，生在寅午戌申子辰六陽時，安命在此六宮者吉。生在巳酉丑亥卯未六陰時，安命在此六宮者吉，反此則少遂。

【原文解釋】

凡是人，不論是男子或是女子，只要出生時辰是生在寅時、午時、戌時或申時、子時、辰時等六個屬陽性的時辰，而其人命宮又坐在寅宮、午宮、戌宮或申宮、子宮、辰宮的命格，是最吉利的命格。

倘若是出生時辰是巳時、酉時、丑時、亥時、卯時、未時等六個陰時，則要命宮是坐於巳宮、酉宮、丑宮、亥宮、卯宮、未宮六個屬陰的宮位為最吉利。違反這個規律的，便一生不太順遂。

8. 論人生時要審的確

【原文】

論人生時要審的確

如人生子亥二時最難定準，要仔細推詳。如子時有十刻，上五刻屬昨夜。亥時下五刻屬今日。子時如天氣陰雨之際，必須羅經以定真確時候，若差訛則命不準矣。

【原文解釋】

論人的出生時辰一定要詳細正確

如果人出生在子時、亥時二個時辰，是最難定準確的，必須要仔細弄清楚。例如子時有十刻，上五刻屬於前一天，下五刻則屬於後一天。亥時的下五刻也屬於今日。子時如果是天氣不好，為陰天有雨的氣候，必須用羅盤來訂出其人的出生方位，再找出真正的時間，倘若差一點則不準了。

【解析】

※現今科學時代，時間的科學非常前進。國際上以科林威治時間為準。中國以中原標準時間為準，並且以一天二十四小時為準。論命也以二十四時為一天的交脫期。過了晚間二十四時以後為另一天。二十四時以前，例如晚上十一時五十九分，則為前一日。晚上十二時正，為第二天（明日）之時辰。因此不必再看天候的陰暗，也不必再用羅盤來訂時間的真確了。

※因中國大陸幅員廣闊、地大，經緯度相差很遠，東邊和西邊日出的時間就差數小時，因此在陰雨日要用羅盤來訂出此人的所在地，再加減時間，算出其人真正的出生時間。這也是要真正弄清楚一個出生時辰最科學的方法了。

9. 論小兒剋親

【原文】

論小兒剋親

加寅午巳酉生人，見辰戌丑未時最毒，子申亥卯生人次之。若寅亥巳生人，見午申酉亥時，主先剋父，出十六歲則不防。若辰巳丑未生人，見子午卯巳亥申酉生時者，主先剋母。

【原文解釋】

論小孩會不會剋父母

如果小孩是寅年、午年、巳年、酉年生的人，又生於辰時、戌時、丑時、未時，是最會和父母間有刑剋的。出生於子年、申年、亥年、卯年的人，又生於辰、戌、丑、未時，是第二種會和父母有刑剋。

倘若是出生在寅年、亥年、巳年的人，又生於午時、申時、酉時、亥時的人，主其人先剋父，和父親不和，有刑剋。等小孩長到十六歲以後，便沒有妨礙，不會再有刑剋了。

倘若是出生在辰年、巳年、丑年、未年的人，又生於子時、午時、卯時、巳時、亥時、申時、酉時的人，主其人先剋母親。和母親不和，有刑剋。也是過了十六歲就會好。

※這是在八字四柱上，年柱和時柱上之年支和時支有相刑、相害等關係的緣故。

如何幫子女找一個好生辰

10. 論命先貧後富

【原文】

論命先貧後富

人生於富貴之家，一生快樂享福、財官顯達、妻榮子貴、奴僕成行、聲名昭著。其間有半途遭傷，人離財散、官非火盜、身喪家亡此等之命，非命也。明是限步，逢大小二限及太歲相沖照，又加凶殺守臨，故此破敗不貧即損壽也。所謂先成後敗、先大後小也。

又有人命出身微賤，營活生理百工巧藝、九流醫術、又為農圃等輩，初歷艱辛度日，卻乃中末平地升騰發財，驚駭鄉邦；因生在中庸之局，後因限步相扶，星辰逢吉曜兼廟旺，以此突然發達進祿，所謂先貧後富、先小後大是也。

【原文解釋】

論人之命格中有先貧後富的格局

一個人生於富貴之家，一生過著幸福、快樂、享福的生活，有財富，做官也做得榮顯，有高位。妻子很榮耀，子女也能貴顯。又有很多奴僕、屬下，名聲響亮。但在人生中有中途遭到刑剋傷害，家破、妻離、子散、財富也沒有了，或是有官司纏身，有火災燒盡家財，或遭盜匪劫掠而空，或自己喪命，家庭毀壞等等的際遇，這並不是其人的命該如此，而是人的運限的問題。當一個人逢到大限（大運）、小限（小運）以及太歲相沖照時，又有凶殺星在流年之中，因此會有這種破敗之事。也會有貧困交迫，或會夭折損壽命的事了。這就是所謂的先成後敗（先是成功，後是失去財富），先大後小（先是事業做得很大，家業也很大，然後運程不好，消耗殆盡而事業、家財變小）。

另外又有一種人的命格是出身很微小貧賤的，幼年貧苦的，具有靠各種手藝來賺取生活費而過活的命格，例如做手工、理髮或命相、做行腳草地醫生，或為農田花圃的工匠等等的人。在年輕時剛開始工作時，歷盡千辛萬苦，辛勤的工作來過日子，到中年時，突然發財，環境好起來，有了財富了，驚動了鄉里鄰居和國家中的人。因為此人是命格為中等平庸之命局，後來因運限相扶助的關係，流年、大運逢到吉星居廟旺，所以突然發達，有了大財富，這就是所謂的先貧後富，先小後大的情形了。（此現象以命格中有『武貪格』、『火貪格』、『鈴貪格』等暴發格的人最為顯著。）

11. 論大限十年禍福何如

【原文】

論大限十年禍福何如

分星纏全吉，廟旺得地。無擎羊、陀羅、火鈴、空劫者，主十年安靜，人財全美。若限內有擎羊、陀羅、火鈴、空劫、忌星為伴，成敗不一。如宮分星纏陷地，值擎羊陀羅火鈴空劫忌，又加流年惡殺湊合，及小限巡逢凶殺，則官災死亡立見。大限將出有吉眾者無災悔，少者災多損人破財不利。

凡行至寅申巳亥子午宮，遇紫微、天府、天同、太陽、太陰、昌、曲、祿存祿主，吉星主人財興旺、添丁進口之慶。行至辰戌丑未卯酉，遇惡殺、廉貞、天使、羊陀、火鈴、空劫、忌星，主人酒色荒迷、貧乏死生。遇左右昌曲，仕宦遷官加職，士民生子發財，婦人喜事，僧道亦利，商賈得益。

凡大小二限及太歲怕行天傷、天使來夾地。怕行天空、地劫之地。怕行擎羊、陀羅之地，及羊陀沖照。怕脫凶限，怕逢凶限，又怕傷使、劫空、羊陀併夾。

歲限如天傷在子，天使在寅，歲限在丑宮乃併夾也。羊陀命尚且無用，況夾限乎？若逃得過，須看壽星，紫微、天同、天梁、貪狼坐命可解。更須看月值惡殺、日值惡殺加湊，大小歲、月、日、時五者，參詳吉凶推斷。太歲行至奏書、將軍、直符、天使、天傷、羊陀、火鈴、空劫、忌星，逢一、二位，主人離財散疾病哭泣之兆。

若歲限犯重月日一二位，又逢忌星合者，官吏遭謫，常人遭橫事，婦人損胎，病者死亡。若惡殺在不得地，如風雨暴過。若歲限臨無吉星，命中無救，其年難過必死。

【原文解釋】

論大運十年的吉凶禍福

要看大運十年中好不好，就要看大運所在的宮位中是不是全部是吉星，並且全部要居廟旺之位，或是得地合格以上的旺位，才是最好的。並且要沒有擎羊、陀羅、火星、鈴星、天空、地劫這些煞星同宮才行。有這些好運條件的，可以有十年的平靜生活，和好的財運。倘若所屬的大運所在的宮位中有擎羊、陀羅、火星、鈴星、地劫、天空、化忌等星同宮時，就會在十年中起起伏伏，好好壞壞。如果大運所逢到的宮位中主星是陷落的，又有擎羊、陀羅、火星、鈴星、天空、地劫、化忌同宮，又加上流年逢到惡星、煞星湊在一起，並且小限又逢到凶殺的星曜，則會有官司的事件，和死亡短命的情形很快的發生。大運要出運時（要交脫至另一個運程時），流年中有吉星多的，就不會有災厄發生。流年中吉星少的就會有多災厄、傷災、血光、破財等不吉利的事情。

凡是大運走到寅宮、申宮、巳宮、亥宮、子宮、午宮，遇到宮位中有紫微、天府、天同、太陽、太陰、文昌、文曲、祿存、化祿等星時，有吉星時，則主其人運氣吉旺，財運非常好。家中會有增加人口，例如娶妻、娶媳，添子添孫等喜慶之事。大運走到辰宮、戌宮、丑宮、未宮、卯宮、酉宮，遇到惡星、殺星如廉貞（包括廉殺運、廉破運）、天使、擎羊、陀羅、火星、鈴星、天空、地劫、化忌同宮時，則主其人會沈迷酒色，貧困以終。

凡是大運中遇到左輔運、右弼運、文昌運、文曲皆居旺位，會升官升職。一般老百姓和讀書人會發財。女子逢此運會有結婚、懷孕生子等喜慶之事。做和尚、道士的人也會很吉利。做生意買賣的人會賺錢不少。

凡是大運、小限二個限運以及逢太歲（當年流年運）最怕有天傷、天使來相夾這些大運、小限、太歲的宮位。也怕這些運程中有天空、地劫。更怕這些運程中有擎羊、陀羅，或是有羊、陀在對宮沖照運程。既怕走在凶限要交脫的時候，又怕剛好逢到凶限，更怕有天傷、天使、地劫、天空、羊陀同宮或相夾運限，都會有病災、傷災、運氣不順、破財、耗財的狀況。

流年歲限如果有天傷在子宮，天使在寅宮，而流年歲限剛好走在丑宮，就是有傷使相併夾。有羊陀守命尚且是沒有用的命格，何況再有傷使夾限，命程就更壞了。倘若想要逃得過夭壽的情形，就要看有沒有可增壽的星曜在命宮了。如果有紫微、天同、天梁、貪狼等長壽的星在命宮，就可以得到解救，就不會短命了。更要看流月是否有惡星、流日是否有惡星？要以大、小限、流年、流月、流日、流時五種時間上的條件一同來推斷才能定出吉凶來。流年太歲走到有奏書、將軍、直符、天使、天傷、羊陀、火、鈴、空、劫、化忌星的宮位時，只要逢到上述惡星一、二個，就會有家離人散、破財、疾病，讓人哭泣的事情之癥兆了。

倘若流年限運不吉，又流月、流日中也不吉，只要犯到一、二種（例如流年、流月不吉，或流年、流日不吉，或流月、流日不吉），又逢到化忌星的時候，做官的人會遭到失職處分會貶謫。平常的人，會有橫事、橫禍發生。結過婚的女人會流產，損失胎兒。生病的人會死亡。倘若所逢流運中之惡星、煞星不在旺位（指居平、陷之位），災厄就會像暴風雨侵襲一般的來臨，橫掃而過。倘若所臨之流年限運中又沒有吉星，命中也沒有貴人相救，則流年一定會非常難過，一定會死亡了。

12 論二限太歲吉凶

【原文】

論二限太歲吉凶

須詳大限獨守吉凶何如？小限獨守吉凶何如？太歲獨守吉凶何如？歲限俱凶則凶。又看大限與小限相逢吉凶何如。大限逢太歲吉凶何如。小限逢太歲吉凶何如。禍福所定。

又看太歲沖大限小限，太歲沖羊陀七殺，然後可斷吉凶。

【原文解釋】

論大限、小限和逢到流年太歲時是吉、是凶

要知道單看大運是吉、是凶？單看小限是吉是凶？單看流年太歲所在的宮位是吉是凶的方法，就是凡是大運、小限、流年歲限所臨到的宮位中有凶

星，則都是不吉的。再要看大運與小限相逢時是吉、是凶。以及大運中逢到的流年是吉是凶。或是小限中逢到的流年是吉、是凶。用上述這幾種方法，然後一同來斷定這些時段中的吉祥、禍福的問題。

並且還要看流年太歲會不會沖剋到大運和小限，以及流年太歲之年有沒有羊、陀、七殺來沖剋等等的問題，總結這些問題以後，就可斷其人一生的吉凶福禍了。

13. 論行限分南北斗

【原文】

論行限分南北斗

陽男陰女南斗為福　陰男陽女北斗為福

北斗諸星吉凶，大限斷上五年，小限斷上半年應。

南斗諸星吉凶，大限斷下五年，小限斷下半年應。

【原文解釋】

論運行限運要分南斗星或北斗星曜

陽年所生的男子、陰年所生的女子，在行運時，要逢到運程中的宮位中有南斗星曜主其人有福氣。

陰年所生的男子、陽年所生的女子，在行運時，要逢到運程中的宮位裡有北斗星曜，主其人有福氣。

北斗諸星有吉、有凶。出現在大運中可斷大運中之前五年是吉是凶。北斗諸星出現在小限中，可斷定該歲上半年的吉凶應驗。

南斗諸星有吉星、有凶星。出現在大限中，可斷定大運中後面五年的吉凶。南斗諸星出現在小限中，可斷定該歲下半年的吉凶應驗。

14. 論流年太歲逢吉凶星殺

【原文】

論流年太歲逢吉凶星殺

凡太歲看三方對照星辰吉凶何如以定禍福，太歲在命宮行者禍福尤緊，如命在子宮，太歲到子又癸生人，逢吉則吉逢凶則凶。

【原文解釋】

論流年當年太歲逢吉星、凶星時的禍福

凡是看流年如何，要以當年所在的宮位為主，看有吉星或凶星當值，其次再看流年所在宮位的對宮宮位及三合宮位中是否有吉星對照，或是凶星對照，如此才能定出是禍、是福來。有吉星多的，為吉祥之流年。有凶星多的，會有災厄產生。流年太歲運行到命宮時，吉凶對人的感覺是特別讓人深刻的。

如果命宮在子宮，流年太歲又走到子宮，（就是流年是子年）而其人出生年的年干是癸水之人。則子宮有吉星，此人就會吉祥順利。子宮有凶星，此人就會有凶厄之事了。

【解析】

※此處所講的『命在子宮，太歲到子，又癸生人』，指的是命宮在子，流年又逢子年，而八字年柱上又是癸水，故八字中水多。倘若命宮中有吉星者，必八字中有中和八字的喜用神可用，因此會吉祥如意。如果命宮中有凶星，必八字中無可用之用神，故又行運至命宮，就會有不吉之事發生。

※癸年有擎羊在子居陷，命在子宮，即命宮中有擎羊陷落，流年又逢子年，行運在子宮，故有錢財不順及血光之災。

15. 論陰騭延壽

【原文】

論陰騭延壽

陰騭延壽生百福，雖然倒限不遭傷。假如有人大小二限及太歲到凶陷地，有延過壽去不死者，還是其人曾行陰騭，平日利物濟人、反身修德以作善降福，雖凶不害。如宋郊編荻橋渡蟻是也。又如諸葛亮火燒藤甲軍，傷人太毒，減壽一紀，當以此參詳。

【原文解釋】

※陰騭：騭，音ㄓˋ（音至）。為暗藏不顯露的善良德行。

論有陰德善行而延壽

人要是能多積陰德，為善不求回報，也不欲人知，所產生延長壽命的情形，是可以衍生出許多福氣來的，雖然到運氣不佳的時刻，也不會遭到巨大的傷害和刑禍。假如一個人在逢到大運、小限，以及流年都在惡運的時候，曾經有延長過壽命而大難不死的人，或者是此人曾經積過陰德有善行，或是平常常救濟別人，又自己常修行德行，常做善事，所以上天會降福於他。雖遇凶險的運程，仍是可以度過，而沒有大害。例如像宋郊用荻草編織一座橋，幫螞蟻過河的故事，即是陰騭延壽的故事。又例如三國時諸葛亮征南蠻時，用火燒藤甲軍的方法戰勝蠻夷，但殺傷人太多，計謀太毒，因此減壽十二年。可以此做為一個參考。

16. 論羊陀迭併

【原文】

論羊陀迭併

如庚生人命在卯宮，遷移在酉宮，如遇羊、陀流年，亦庚祿居申，流羊在酉，流陀在未，是命在卯宮，原有酉宮擎羊沖合，流年又遇流年流陀，謂之羊陀迭併。

【原文解釋】

如果一個人是庚年生的人，而命宮在卯宮，遷移宮在酉宮（庚年生擎羊在酉宮）。又遇到流年逢擎羊運或陀羅運（指庚年生人，逢雞年或未年），有庚年生人之祿存在申宮。而雞年（酉年）時流年擎羊也在酉宮，未年時流年陀羅也在未宮。因原本的命宮在卯宮，原本就有擎羊在酉宮相沖，而流年再逢流運是擎羊運或陀羅運，就稱之為『羊陀迭併』了。

【解析】

※『羊陀迭併』以大運、流年、流月、流日和本命，只要三重逢合就會有性命危險，會有死亡之災厄。

17. 論七殺重逢

【原文】

論七殺重逢

如命中三合原有七殺守照，而流年又遇流年流陀沖照吉。七殺重逢二者為禍最毒，入廟災晦減輕。如陷地逢忌及卯酉遇擎羊為閣宮，午生人不利也。然七殺逢吉曜眾亦轉凶化吉，不可一概論凶。擎羊、陀羅、七殺逢紫微、天相、祿存三合拱照可解。

詩曰　羊陀迭併命難逃　七殺重逢禍必遭　太歲二限臨此地　十生九死不堅牢

【原文解釋】

如果一個人在命宮的三合宮位中原本就有七殺星在守照（指命、財、官三宮有七殺星出現，亦是指殺、破、狼坐命的人），而其人在流年運程上又走到有擎羊、陀羅在對宮相沖照的運程，乃是吉利的。

在人之本命、大運、流年、流月、流日中有二次以會逢到七殺運，就會碰到極大的災害了。七殺在廟旺之位時，所碰到的災禍及晦暗的運氣會輕一點。如果七殺居陷或本命居陷，或流年運程居陷，又逢到化忌星在流年當中就會災禍大了。

七殺在卯、酉宮為武殺同宮，再逢擎羊，為在邊宮，對馬年生的人最不吉。（因為有擎羊在卯、酉宮，一定是甲午年、庚午年生的人，本身八字上就有刑剋，又逢到武殺羊的運程，為禍就更烈了。）而在七殺星的宮位中有吉星同宮的多的，也會沒有凶運而專為吉運。這是不能一概而論之的。只要在有擎羊、陀羅、七殺的宮位，有紫微、天相、祿存在其三合宮位來拱照的，是可以抵制七殺運的險惡的。（例如紫殺運就是吉運）

詩云：有『羊陀迭併』的惡格時，是性命難逃災禍的。有『七殺重逢』的惡格時，一定會遭遇到災禍。流年、大運、小限臨到這些惡格，生於死都是說不一定的。

18. 論大小二限星辰遇十二宮遇十二支人所忌訣

【原文】

論大小二限星辰遇十二宮遇十二支人所忌訣

遇此主災晦、官非、孝服、火盜、破財刑傷、死亡立見

人生子命忌寅申

假如子年生人，切忌寅申歲限集晦至重，及忌子午歲限相沖。

丑午生人丑午嗔

假如丑生人忌午丑歲限，午生人亦忌丑午歲限，及忌七殺星災晦極重。

寅卯之人防巳亥

假如寅卯人忌巳亥歲限，及忌卯酉、寅申相沖。

蛇龍切忌本身臨

假如巳生人忌逢巳年及忌行到巳限。辰生人忌行辰年又忌行到辰限為天羅，又忌行到戌，為地網。限遇此災晦疾厄之險官非破財憂制連連矣。

申人鈴火災殃重

假如申生人，忌逢火鈴二星，必忌災晦至重，及忌寅年沖。

未遇豬雞墓患般

假如未生人，忌逢酉亥歲限，又忌見擎羊在四墓宮。

戌亥羊陀須避忌

假如戌、亥生人，忌遇羊陀災重。戌生人又忌行到戌宮歲限為地網，又忌行到辰宮歲限，為天羅謂之辰戌相沖不美。

酉人陀刃亦非親

假如酉生人亦忌羊陀星歲限，及忌行卯宮限，及卯年歲君相沖。

歌曰

豬犬生人莫遇蛇　辰戌切忌到網羅　預先整頓衣冠木

未兔生人唱挽歌

【原文解釋】

論各種年份生的人，在大運、小限中運逢十二宮的狀況

1. 在子年出生的人，忌大運、小限、流年運是寅年和申年或大、小限運行至寅宮或申宮。會碰到嚴重的災禍及運程晦暗停滯的情形。更忌在子年、午年有太歲相沖的問題，和子、午相刑剋對沖的問題。

2. 丑年生的人和午年生的人，在丑年、午年會有不吉之事。例如是丑年生的人（屬牛）、午年生的人（屬馬），在大運、小限、流年運行到丑宮或午宮時，會有不順利。倘若丑宮、午宮再有七殺星出現，災禍和運程晦暗的問題也更嚴重。

3. 寅年生的人和卯年生的人要防巳年和亥年，會有災禍不順的事。例如寅年生的人（屬虎），卯年生的人（屬兔），在大運、小限、流年逢到運行在巳宮、亥宮會有不吉的事。也要小心卯年、酉年和寅年、申年，會有卯酉相沖、寅申相沖的問題。

4. 蛇年生的人（巳年）和龍年生的人（辰年）在逢到大運、小限、流年為

辰年、巳年時，會有災禍連連的問題，官非、破財等事是難免的。例如巳年生的人，最怕流年、小限在巳年，以及最怕大運在巳宮。辰年生的人，最怕小限、流年在辰年，又怕大運在辰宮。因為運行到辰宮為天羅宮，運行到戌宮為地網宮，所以運行戌宮也是不利的。大運、小限、流年遇到這些年份和宮位都會有災厄、疾病、驚險的事，以及有官司纏身、破財、丁憂，有孝服等不吉的事連連發生。

5. 申年生的人（屬猴），怕逢到宮位中有火星或鈴星的運程，會有很嚴重的災禍。

例如申年生的人，最怕大運、小限、流年走到有火星、鈴星的宮位，會有很重的災禍發生。也怕逢寅年運行寅宮，會有相沖剋的問題。

6. 未年生的人，碰到大運、小限、流年逢到酉宮、亥宮，以及在辰、戌、丑、未四墓宮時，會有災患之事發生。

例如羊年生的人，最怕逢運程運行到酉宮、亥宮，更怕有擎羊在四墓宮（辰、戌、丑、未宮）的運程。

7. 戌年生的人和亥年生的人，必須避開有擎羊、陀羅所在的宮位之運程。

（包括大運、小限、流年等）。

例如戊年生的人及亥年生的人，遇到擎羊運和陀羅運會災禍嚴重，有血光之災和破財之事，凡事不美。戊年生的人更怕運程走到戌宮，因戌宮為地網宮。也怕運程走到辰宮，因辰宮為天羅宮，這也是辰戌會相沖不吉的狀況。

8. 酉年生的人最怕走到大運、小限、流年運程是有陀羅、擎羊的宮位，也會有災禍、血光、破財等禍災。

例如酉年生的人，是忌擎羊運和陀羅運的運限，更忌走卯宮的運限，以及在卯年流年運程中有卯、酉相沖的情形。

歌云：豬年、狗年生的人不可遇到蛇年的運程。辰年、戌年生的人最怕行運到天羅、地網宮（辰、戌運）。災禍嚴重到要預先準備棺木，要為其人唱挽歌的這樣一個情形。（表示其人會有死亡的顧慮）

19. 論立命行限宮歌

【原文】

論立命行限宮歌

歌曰　金人遇坎命須傷　木命洛離有福殃　水遇艮宮應蹇滯
　　　火來兌上禍難藏
又曰　土到東南逢震巽　須防膿血及驚慌　縱然吉曜相逢照
　　　未免官災鬧一場

【原文解釋】

論以命宮所在的宮位在行限運時之歌訣

歌云：命宮在申宮、酉宮、巳宮等屬金的宮位時，又命宮中星曜五行屬金時，而行運到子年或子宮時，命程、運程會受到傷害。命宮在寅宮、卯宮等屬木的宮位時，又命宮中的星曜屬木時，運程運行到子年、午年或子宮、午宮，會有災禍發生。命宮在亥宮、子宮的人，又命宮中之主星五行屬水時，當大運、小限、流年運行到丑宮、寅宮時，運氣會有阻礙停滯的情形。命宮在午宮的人，又命宮主星五行屬火時，在運限逢到庚年、辛年或運行到酉宮時，災禍是躲不掉的。

又說：命宮在辰、戌、丑、未四土宮的人，大運、小限、流年等，運行到東南木火運，或甲年、乙年，或逢到運行卯宮、寅宮，或走寅年、卯年的流年運程時，會有血光之災，會開刀或有車禍、血光等讓人驚慌的事情。縱然有吉星在命宮，或流運經過的宮位相守、相照，也難免會有官司的事情來鬧了一場，使人煩憂、生氣。

20. 論太歲、小限星辰廟陷遇十二宮中吉凶

【原文】

論太歲、小限星辰廟陷遇十二宮中吉凶 依此判斷，入行年災，息應如神

子年太歲併小限到子宮入廟化吉

七殺、破軍在子宮守歲限，癸庚己生人發福。巨門、天機，乙癸生人發福。天府、天相、天梁，丁己庚人財旺遂心。又天同丙丁生人，財官變美。

子年太歲併小限到子宮不入廟化凶

紫微在子宮守命，及歲限丙戊壬生人，悔吝破財災殃。

【原文解釋】

◎子年的流年太歲和小限一同到子宮，其星曜皆居廟旺之位而化吉時

例如流年運程正逢七殺、破軍在子宮時，因破軍居廟位，七殺居旺位，而其本人又是癸年生的人、庚年生的人、己年生的人，會有福氣吉運。因為癸年生的人，會有破軍化祿在子宮。庚年生的人會有祿存在三合宮位中，己年生的人有祿存和貪狼化權在三合宮位相照守，故其人逢子年流年會很順利有財祿福氣。

又如有巨門在子宮或天機在子宮的人，生於乙年、癸年的人，在行子年運程時會有福氣。因為乙年生的人有天機化祿，癸年生的人有巨門化權在子宮的關係。

有天府、天相、天梁在子宮時，生於丁年、己年、庚年的人，會財運很旺，在子年的運程中很順心如意。

【解析】

※天府在子宮，必是武府同宮，天相在子宮必是廉相同宮。天梁在子宮為獨坐。

生於丁年，會有祿存在對宮（午宮）相照，生於己年有祿存在對宮相照，又有天梁化科在子宮。生於庚年，有祿存在三合宮位照守，又有武曲化權會和廉相三合照守。有武府在子宮的人，生於庚年有武曲化權、天府在子宮。有天梁在子宮的人，生於庚年，會有太陽化祿在對宮相照，又有祿存在申宮，三合照守，故運程皆旺，錢財順利。

又如有天同在子宮的人，必是同陰同宮在子宮，丙年生的人有天同化祿，丁年生的人有天同化權，都是會有升官和進財兩種美事全具有好的運程。

◎子年時有流年太歲和小限一起到子宮，而子宮中之星曜不在旺位的，主凶。

例如有紫微星在子宮坐命的人，又是生在丙年、戊年、壬年生的人，有後悔的事，不名譽的事，破財、災厄等情形。

【解析】

※紫微坐命子宮居平位，生於丙年，有擎羊在午宮相照。生於戊年亦有擎羊在午吉相照。生於壬年，命宮雖有紫微化權，但也有擎羊在命宮，並且在財帛宮有武曲化忌，

再行運至子年，同樣會有災厄、破財，財不順等不吉之事。

【原文】

子年流年太歲所值吉凶星

祿存、天機、天同、太陰、昌、曲、輔、弼、破軍、天相、廉貞、武曲、天府、巨門、七殺，可斷其年人財兩美、事事遂心。若遇貪狼、紫微、天梁、忌星、太陽、擎羊，便斷人財耗散、官災孝服。本身災晦不寧，減半論之。

【原文解釋】

子年流年太歲所當值的是吉星或凶星

在子年流年宮位中有祿存、天機居旺，天同、太陰居旺、文昌居旺、文曲居旺、左輔、右弼、破軍居旺、天相居旺、廉貞居廟、武曲居廟旺、天府、巨門居旺、七殺居旺，就可斷定子年是諸事順心，財祿大進，升官有望。倘若遇到子年中有貪狼化忌、或貪狼和擎羊同宮、紫微和擎羊同宮、天梁和擎羊同宮、太陽居陷、或太陽居陷又和擎羊同宮，便可斷定此人在子年人緣關係不佳，錢財耗敗，進財不易，也可能會有官司問題，或家中有喪事。倘若災厄是在其本人身上有晦暗不安寧的狀況，倒是可以使外在的官災孝服減少發生，災禍會減半了。

【原文】

丑年太歲併小限到丑宮入廟化吉

天機在丑守命，丙辛生人發旺。天相戊生人發旺。太陰、武曲，丙戊生人發旺。天府、廉貞，戊生人發旺。天梁丙戊辛生人發旺。

丑年太歲併小限到丑宮不入廟化凶

天機在丑宮守命，戊生人悔吝。太陽星甲乙生人悔吝。天府丙、辛、癸生人悔吝。天同、廉貞，丁庚生人招官非。

丑年太歲所值吉凶星

紫微、天相、天梁、太陰、天府、祿存、廉貞、破軍、昌、曲、天機、輔、弼，可斷其年事事遂心。若遇天同、巨門、武曲、貪狼、忌宿、太陽、擎羊，便斷其年人財耗散，官災口舌孝服，本身遭晦減半論之。

【原文解釋】

丑年的流年太歲和小限一起到丑宮時，丑宮中有星曜居廟就能趨吉

例如天機居陷坐命丑宮的人，生於丙年和生於辛年的人會有旺運。天相居廟坐命丑宮的人，生於戊年的人會有旺運。太陰坐命丑宮（指日月坐命丑宮），武曲坐命丑宮（指武貪坐命丑宮）的人，生於丙年的和生於戊年的人會有旺運。天府坐命丑宮的人，廉貞坐命丑宮的人（指廉殺坐命丑宮），生於戊年的人會有旺運。天梁居旺坐命丑宮，而生於丙年、戊年、辛年的人會有旺運。

※天機坐命丑宮的人，生於丙年有天機化權在命宮，也就是在丑宮。三合宮位中又有祿存照守。生於辛年的人，三合宮位酉宮有祿存照守，故在丑年流年中主吉。

◎天相坐命丑宮為居廟，生於戊年，有祿存在巳宮三合照守，主吉。

◎日月坐命丑宮時，太陰居廟，太陽居陷，生於丙年，有祿存在巳宮三合照守。生於

戊年亦有祿存在巳宮三合照守，皆主吉。

◎武貪坐命丑宮，生於丙年和戊年都有祿存在巳宮三合照守主吉。並且生於戊年更有貪狼化祿在命宮（丑宮）更吉。有極大之偏財運和暴發運。

◎天府坐命丑宮居廟，生於戊年，亦有祿存在巳宮三合照守主吉。

◎廉殺坐命丑宮時，生於戊年，有祿存在巳宮三合照守。同時又有紫微、貪狼化祿在酉宮三合照守，亦主吉。

◎天梁坐命丑宮居旺，生於丙年，有祿存在巳宮三合照守，主吉。生於戊年，亦有祿存在巳宮三合照守。生於辛年有祿存在酉宮三合照守更有太陽化權在巳宮三合照守，旺運更強。

丑年流年太歲太小限一起到丑宮，丑宮中之星曜不居廟時會主凶

天機在丑宮坐命，戊年生的人，有災厄或後悔、不吉之事。太陽星在丑宮坐命（日月坐命）甲年生的人或乙年生的人，有災厄悔吝之事。天府坐命丑宮，生於丙年、辛年、癸年的人會不吉有災厄。天同坐命丑宮（指同巨坐命丑宮）、廉貞坐命丑宮（指廉殺坐命）的人，生於丁年、庚年的人易招官非禍事。

※日月坐命丑宮時，太陽居陷、太陰居廟，甲年生的人，有太陽化忌在命宮（即在丑

宮），又有陀羅在丑宮，故不吉。乙年生的人有太陰化忌在命宮（在丑宮），逢流年、小限不吉，有災禍。

◎天機坐命丑宮，生於戊年，有天機化忌在命宮（丑宮），故逢丑年不吉。

◎天府坐命丑宮，生於丙年，在對宮（未宮）有廉貞化忌、七殺，故逢丑年不吉。生於辛年，在戌宮有擎羊，為四方宮位照守亦不吉。生於癸年有擎羊在丑宮（在命宮），亦不吉。

◎同巨坐命丑宮，生於丁年，有巨門化忌在命宮（在丑宮），對宮（未宮）有擎羊，主凶。生於庚年，有擎羊在酉宮，為三合照守，亦主凶。

◎廉殺坐命丑宮，生於丁年，有擎羊在未宮沖照，為『廉殺羊』之格局，有車禍、血光死亡之災害。坐於庚年，有擎羊在酉宮三合照守，亦主凶。

丑年太歲所當值的吉星和凶星

丑年逢吉星紫微、天相、天梁、太陽、天府、祿存、廉貞、破軍、文昌、文曲、天機、左輔、右弼時，可斷其年事事如意會順遂。若是丑年遇有天同、巨門、武曲、貪狼、化忌、太陽、擎羊，便可斷其年耗財不吉，有官災、口舌、喪事，本身有晦暗運程現象的人，可災禍減半。

※丑年逢紫微星時，必紫破同宮，是吉中帶凶的運程，並不一定全是好的。其人會在

丑年勤於打拚，但在財運上多所破耗，但吉多於凶。

※丑年逢廉貞運必是廉殺同宮的運程，此為凶運，不吉。為辛苦打拚，錢財並不順利之運氣，多做少收穫，十分辛苦，更可能有血光之災，開刀、受傷之虞。

※丑年逢天機運，必是天機陷落運程，亦非常凶險，運氣不佳，錢財難進，為窮困運蹇之運程，故原文此處有錯。

※丑年逢武曲運或貪狼運，其實是武貪同宮在丑宮的運程，此運是暴發運，有大財利，升官等吉星，無化忌，羊、陀來破格，即有大財富，主大吉利，故原文此處歸於凶星的部份是錯的。

【原文】

寅年太歲併小限到寅宮入廟化吉

紫微、太陽、武曲、天梁、七殺，甲庚丁己生人，財官雙美。

寅年太歲併小限到寅宮不入廟化凶

廉貞、貪狼、破軍在寅，丙戊生人招官非，甲子生人不喜寅申歲限。

寅年太歲所值吉凶星

紫微、天府、天機、太陰、武曲、七殺、天同、天相、太陽、巨門、天梁，便斷其年人財進益作事遂心。若遇貪狼，陀、忌，便斷其年人財破散官非孝服，本身見災減半論之。

【原文解釋】

寅年流年太歲和小限一起運行至寅宮，寅宮中星曜為廟旺的，主吉

寅宮中有紫微（指紫府同宮）、太陽（指陽巨同宮）、武曲（指武相同宮）、天梁（指同梁同宮）、七殺等星時，逢到上述星曜的運程，生於甲年、庚年、丁年、己年的人，會有升官、事業大好、進財多的美運。

※甲年生的人，有祿存在寅宮，紫府、陽巨、武相、同梁、七殺居廟等運程都是非常不錯的運程，再加上祿存同宮，運氣更好。

※庚年生的人，有祿存在申宮，相照寅宮，故也可增加寅年的流年運程和小限運。

※丁年生的人和己年生的人，都有祿存在午宮，是在寅宮的三合照守之宮位，因此也對寅年之流年運和小限運有利趨吉。

寅年流年太歲和小限一起到寅宮，寅宮中的星曜不居廟時，主凶

例如寅宮有廉貞、貪狼、破軍等星，又生於丙年、戊年的人會招來官司、是非災禍，又例如甲子年生的人不喜歡寅、申年的流年和限運。（包括大、小限）。

※丙年、戊年有擎羊在午宮，和寅宮三合照守，不吉。丙年生的人又有廉貞化忌，凡是殺、破、狼命格坐寅宮的人，都不吉，因在三合宮位上照守的原故。戊年生的人，雖有貪狼化祿，但有擎羊在三合宮位中，會在流年之命、財、官三合方位中出現，易有官非禍事。

※甲子年生的人不喜歡寅、申歲限，是因甲年有太陽化忌，若逢太陽在寅宮時（陽巨同宮），正好有『羊陀夾忌』的惡格，不但不吉，且有性命之憂。若太陽（陽巨同宮）在申宮，也是會有『羊陀夾忌』的困擾，故皆屬不吉。

寅年流年太歲所當值的吉星和凶星

寅年時逢到寅宮有紫微、天府（紫府同宮在寅）、天機、太陰（機陰同宮在寅宮）、武曲、天相（武相同宮在寅宮）、七殺、天同、天梁（同梁同宮在寅宮）、太陽、巨門（陽巨同宮在寅宮）時，便可斷定其人在寅年會有做事有進步，增加對自己有利的事情，錢財廣進，做事順心。倘若寅宮有貪

狼、陀羅、化忌等星，便斷定其年會有破財、耗財、離散、官司纏身，或有喪事事件。倘若災厄是發生在本人身上，則以災禍減半之不吉來論了。

※寅年若只逢貪狼單星居平時，只表示運氣不是太旺，只有一般的運氣，並無太大的傷剋事件，除非是和化忌、陀羅同宮或相照才會有災。

※陽巨同宮和機陰在寅宮的運程也不一定全是順利吉祥的。陽巨運中必有口舌是非的問題，須要用口才多做解釋和寬闊的心胸來化解。機陰運在寅宮，是工作上或居家環境會有變化，會遷居、換工作、或做奔波忙碌的工作，亦會有調職、出差之現象，必須要注意。

【原文】

卯年太歲併小限到卯宮入廟化吉

紫微、天機、太陽、天相、天府、天同、武曲在命，乙辛生人發旺。

卯年太歲併小限到卯宮不入廟化凶

廉貞甲丙生人橫破財，太陰甲乙生人財破災害，庚生人亦不宜，主災害。

卯年太歲所值吉凶星

太陽、天梁、紫微、天機、天同、天府、貪狼、巨門、七殺，即斷其年人財興旺、婚姻喜事重重、諸事稱心。若遇廉貞、破軍、太陰、天相、擎羊、忌宿，其年破財官災口舌，本身見晦減半論之。

【原文解釋】

卯年流年太歲和小限一起在卯宮，而卯宮中的星曜是居廟旺的主吉

在卯宮中有紫微（紫貪同宮在卯宮），天機（機巨同宮在卯宮）、太陽（陽梁同宮在卯宮）、天相（在卯宮居陷）、天府（在卯宮居得地之位）、天同（在卯宮居平）、武曲（在卯宮居平，是武殺同宮），上述星曜坐命在卯宮的人，乙年生的人、辛年生的人會有旺運。

※前述星曜中，有天相、天府、天同、武曲皆不在廟位，故原文此處有問題。

※紫微在卯宮，必和居平的貪狼同宮。紫貪坐命的人，生於乙年有祿存和紫微化科在命宮，故在卯年主吉。生於辛年有祿存在酉宮（在對宮）相照，亦吉。

※生於乙年的人，都會有祿存在卯宮，乙年生的人又有天機、天梁化權、紫微化科。

生於辛年皆會有祿存在酉宮，相照卯宮，又有巨門化祿、太陽化祿、文曲化祿，倘若三合宮位中出現科、權、祿，故皆主吉。

【原文解釋】

卯年流年太歲和小限一起在卯宮，而卯宮中的星曜不居廟時，主凶

例如廉貞坐命在卯宮為廉破同宮，雙星居平陷之位。甲年生的人有廉貞化祿、破軍化權，一生中是大起大落之人，會發橫財，也會暴起暴落。丙年生的人有廉貞化忌、破軍在命宮，未年會有暴發運，也有暴起暴落的現象。

太陰坐命卯宮的人，生於甲年、乙年的人逢卯年會破財有災害，生於庚年的人，有太陰化忌在卯宮，更不好，也主多災，有是非糾紛。

※太陰坐命卯宮的人，生於甲年，會有擎羊同在命宮，生於乙年，雖有祿存同在命宮，但是主星太陰居陷化忌，更不吉，多災多難、多是非糾紛。

卯年流年太歲所當值的吉星和凶星

卯年流年宮位中有太陽、天梁（陽梁同宮）、紫微、貪狼（紫貪同宮）、天機、巨門（機巨同宮居廟旺）、天同（居平）、天府（居得地之位）、七殺（武殺同宮），即可斷定其人此年是得財順利，會有結婚之喜事和好事很

多，許多事都很順心。倘若遇到廉貞、破軍（廉破同宮居平陷之位）、太陰（居陷）、天相（居陷）、擎羊（居陷）、化忌星，就可斷定此年有破財之事和官司問題、口舌是非災禍。倘若其人本身發生運程晦暗，又懂得躲災的話，災禍可減少一半。

※卯年見卯宮有七殺之流年運，必是武殺同宮。武曲居平，七殺居旺，此為『因財被劫』的格式，錢財被劫，賺錢很辛苦又賺不到什麼錢，此運是奔波勞碌的運程，不為吉運，也無法產生進財和喜事，更不順心，原文此處有錯，在此改正聲明之。

※在卯年行天同居平運，是奮發力不強，喜為玩樂享福之事勞碌、僅有衣食充足、平順平凡之運氣。天府運也是衣食充足而已。此二運皆無大作為，也無大財可進。尚稱平順而已。

【原文】

辰年太歲併小限到辰宮入廟化吉

紫微、貪狼、七殺在辰宮守命限，癸甲生人財官祿旺。天機、太陽，丁庚癸生人財祿發旺。天同，戊庚癸生人順遂。巨門丙辛生人遂意。

辰年太歲併小限到辰宮不入廟化凶

貪狼、武曲在辰，壬癸生人災晦。天同、巨門，丁庚生人災晦。廉貞，壬癸生人主災晦至重。太陰、太陽、天機，甲乙戊己生人災晦。

辰年太歲所值吉凶星

太陽、天機、天梁、七殺、貪狼、文昌、左輔、右弼，便斷其年財祿大進，益家道更興隆，添丁進口、婚姻、喜慶重重。若遇紫微、天同、廉貞、天府、太陰、巨門、天相、破軍、忌宿，便斷其年破財、孝服、官災、口舌。

【原文解釋】

辰年流年太歲和小限一起逢到辰宮，而辰宮中的星曜為入廟時，主吉

有紫微、貪狼、七殺在辰宮坐命或逢到小限或流年運程時，癸年生的人和甲年生的人，會有事業順利，錢財大進的好運。有天機、太陽在辰宮坐命，或逢到小限、流年運程又到辰宮時，丁年生的人和庚年生的人和癸年生的人會進財，有旺運。有天同在辰宮坐命，又逢小限、流年至辰宮時，戊年、庚

年、癸年生的人，會凡事順遂。巨門坐命辰宮的人，又須生於丙年、辛年的人，逢小限、流年在辰宮時會順利如意。

※紫微坐命辰宮，必是紫相同宮，癸年生的人，有祿存在子宮和武府同宮為財帛宮，是三合照守，主吉。甲年生的人，三合照守財帛宮有武曲化科、天府在子宮和廉貞化祿在申宮為官祿宮，也主吉。

※貪狼坐命辰宮的人，生於癸年，有貪狼化忌在辰宮（命宮），不吉，暴發運不強。有祿存在子宮與破軍一起三合照守，也好不到那裡去！生於甲年，有破軍化權在子宮三合照守，主吉。

※七殺坐命辰宮的人，生於癸年，三合照守的貪狼化忌加祿存在子宮，又有破軍化祿在申宮，並不算很吉。生於甲年，有廉貞化祿、天府在對宮相照，又有破軍化權在申宮三合照守，主吉。

※天機坐命辰宮必有天梁同宮，機梁不主財，故流年運程和小限逢此，財少。丁年生的人，有天同化權、太陰化祿在三合宮位照守，本身又有天機化科。祿權科到齊，故主吉。庚年生的人，有祿存在申宮三合照守，並有天同化科、太陰化忌在子宮三合照守，不算吉。癸年生的人，有祿存在子宮和天同、太陰化科三合照守，有小吉。錢財並不算很多。

※天同在辰宮為居平，對宮有居陷的巨門相照，運氣並不旺。生於戊年有居平的太陰化權、天機化忌在申宮三合照守，運氣並不佳。生於庚年，三合宮位亦有太陰化忌、

天機和祿存三合照守，辰宮又有天同化科，財運也不旺。生於癸年，有祿存、天梁在子宮，天機、太陰化科在申宮三合照守，可平安過日子，但不為旺運。

※巨門坐命辰宮，為居陷，為弱運、衰運，多是非災禍。生於丙年對宮有居平的天同化祿相照，有生活之資，但仍多是非災禍。生於辛年，有居陷的巨門化祿，逢此運有衣食之祿，仍不為旺運、好運。

辰年流年太歲和小限一起到辰宮，而辰宮中的星曜不居廟旺時，主凶

辰宮有貪狼、武曲坐命，而壬年、癸年生的人逢此運主有災禍、晦暗的運程。辰宮有天同坐命、巨門坐命，生於丁年、庚年的人有災禍、晦暗的運程。辰宮有廉貞坐命（廉府同宮），生於壬年、癸年的人運逢辰宮有極重的災禍。辰宮有太陰坐命、太陽坐命、天機坐命（機梁同宮）的人，生於甲年、乙年、戊年、己年的人，運逢辰宮有災禍、晦暗的運程。

※貪狼坐命辰宮，其對宮有武曲星相照。武曲坐命辰宮，其對宮有貪狼相照。生於壬年的人有武曲化忌。生於癸年的人有貪狼化忌。因此這兩個命格的人，又生於此壬年、癸年的人，會失去暴發運，錢財和事業也會不順利，運逢辰宮更不吉，有災禍會產生。

※天同居平坐命辰宮，對宮是居陷的巨門相照。巨門居陷坐命辰宮，對宮有居平的天同相照，生於丁年有巨門化忌，生於庚年有太陰化忌在三合宮位照守，此皆不吉，

有災禍產生。

※廉貞在辰宮是廉府同宮，生於壬年，有擎羊在子宮和紫微化權同宮三合照守，子宮是流年財帛宮，在賺錢上多是非爭鬥，在申宮有武曲化忌、天相三合照守，此是流年官祿宮，故錢財只能有衣食之祿，仍多是非災禍。生於癸年，有陀羅在流年子女宮，有祿存在流年財帛宮，有貪狼化忌在流年福德宮，流年田宅宮是天同、巨門陷落化權，禍端發生於家中。

※太陰坐命辰宮居陷，甲年生的人，對宮有太陽化忌相照，有災厄不吉。生於乙年，有太陰化忌和擎羊在命宮（辰宮），災厄嚴重，亦可能有性命之憂。生於戊年，有太陰居陷化權在命宮，但有天機化忌在流年財帛宮，且是三合相照，不吉，有災厄。生於己年，有擎羊在未宮四方照守，也是不吉，有災厄。

※太陽坐命辰宮居旺，生於甲年，有太陽化忌在命宮（辰宮），流年逢辰宮不吉，有災厄。生於乙年，有擎羊在辰宮，對宮有太陰化忌相照，有災厄。生於戊年，有陀羅在辰宮（命宮），流年福德宮是天機化忌，故也不吉，有災厄。生於己年，有擎羊在未宮，四方照守，也不吉。

※天機坐命辰宮，必是機梁同宮，生於甲年，有陀羅在丑宮，四方照守，有太陽化忌、巨門在流年夫妻宮，這是夫妻間有是非口舌，不和，和其人本身心態上和周圍的男性不和，有是非。生於乙年，有擎羊在命宮（辰宮），有太陰化忌、天同在流年財帛宮三合照守。財運不順，有是非災禍，本身亦有傷災狀況。生於戊年，有天機化忌在命宮（辰宮），逢辰年亦有事業多變化之是非災禍。生於己年，有擎羊在未宮

四方照守，會使『武貪格』暴發運破格，也算不吉。

辰年流年太歲所當值的吉星、凶星

辰年流年中，辰宮有太陽、天機、天梁（機梁同宮）、七殺、貪狼、文昌、左輔、右弼等星時，便可斷定辰年有財祿可大進，有益於家庭，且家道興隆，亦會有懷孕生子、結婚、重重的喜事、吉事出現。倘若有紫微、天相（紫相同宮）、天同、廉貞、天府（廉府同宮），太陰、巨門、破軍、化忌星，便可斷定此年會破財，有喪事、官司、口舌災禍等事。

※紫相運和廉府運都算是還蠻吉利的運程，紫相雙星皆在得地合格之位，而天府也居廟，會一切順利，有財利可收，故原文此處有錯。

【原文】

巳年太歲併小限到巳宮入廟化吉

紫微、天府、天同、巨門、天相、天梁、破軍，丙戊辛生人發福。太陰、天機，丁壬辛丙生人進財。貪狼，甲戊生人平平。

巳年太歲併小限到巳宮不入廟化凶

巨門、貪狼，癸丙生人口舌災晦。太陰、破軍，災晦多端。

巳年太歲所值吉凶星

紫微、太陽、天同、天府、天梁、祿存，便斷其年人財稱意喜事重重，若遇武曲、廉貞、太陰、貪狼、巨門、天相、破軍、忌星，便斷其年人財損失、官災口舌，本身病患減半論之。

【原文解釋】

巳年流年太歲和小限一起逢到巳宮，而巳宮中有吉星居廟旺的，主吉

巳宮有紫微（紫殺同宮），天府、天同、巨門、天相、天梁（居陷）、破軍（居平，是武破同宮），生於丙年、戊年、辛年的人，在巳年會有福氣吉祥。命宮在巳宮有太陰（居陷）、天機（居平），生於丁年、壬年、辛年、丙年的人會進財，主吉。有貪狼坐命巳宮（廉貪同宮居陷），甲年、戊年生的人逢巳年，運氣平平。

※紫微在巳宮，必是紫殺同宮，丙年生的人，和戊年生的人，皆有祿存在巳宮，主吉，辛年生的人，有祿存在酉宮，三合照守，也主吉。

※天府坐命巳宮，為居得地之位，對宮有紫殺相照，丙年、戊年生的人有祿存在巳宮，辛年生的人，有祿存在酉宮，三合照守，主吉。

※天同坐命巳宮為居廟位。巨門坐命巳宮為居旺位。天相坐命巳宮為居得地之位。天梁坐命巳宮為居陷位，對宮有相照的天同居廟。破軍在巳宮是武破同宮，雙星居平，本不吉，但生在丙年、戊年有祿存在巳宮，生於辛年有祿存在酉宮，三合照守，都會好一點。

※太陰在巳宮居陷，天機在巳宮居平，此二星為相對照之星曜。生於丁年有太陰化祿、天機化科相對照，主吉。生於壬年，有祿存在亥宮對照主吉。生於辛年，有祿存在酉宮，三合照守主吉。生於丙年，有祿存在巳宮，又有天機化權，故主吉。

※貪狼坐命巳宮，必是廉貪同宮，生於甲年，有廉貞化祿在巳宮，有紫微、破軍化權在丑宮三合照守，主吉，運勢稍好。生於戊年，有貪狼化祿和祿存在命宮（巳宮），有雙祿，也運勢較好一點，比起一般人只是算運勢平平。因廉貪在命宮及運程中都是極差的。

巳年流年太歲和小限一起逢到巳宮，而巳宮中星曜不居廟旺，主凶

例如巳宮有巨門（居旺）、貪狼（廉貪同宮居陷）坐命，生於癸年、丙年的人，有口舌是非災禍。有太陰（居陷）、破軍（居平，為武破同宮）坐命的人，逢巳年流年及小限，災厄多。

※巨門坐命巳宮，對宮有居陷的太陽相照，生於癸年，有巨門化權在命宮（巳宮），有貪狼化忌在『武貪格』暴發運格中，有擎羊在丑宮三合照守，並無太大的不吉利，只是偏財運不發，小心血光而已，會有口舌上的是非，但具有極強的說服力。生於丙年，有祿存在巳宮同宮，有天機居陷化權在流年財帛宮，有天同化祿在流年官祿宮，也無太大的不吉。

※廉貪坐命巳宮，雙星俱陷落，生於癸年，有貪狼化忌居巳宮也在命宮。丙年有廉貞化忌在命宮，也居巳宮，逢巳年流年，運氣極壞，人緣關係差，多是非口舌，好運機會一點都沒有，且窮困。

※太陰居巳宮為落陷，逢流年巳年，財運差、窮困，人緣關係與機會也不佳，再有羊、陀、火、鈴、劫、空、化忌在三合宮位中出現，災厄多。

※破軍居巳宮為居平，必與居平的武曲同宮。武破同宮坐命，再逢巳年流年，是窮困的一年，也是『因財被劫』的格式。再有陀羅、火星、劫空同宮時，必有災厄、禍事多端。

巳年流年太歲所當值的吉星和凶星

巳年流年逢到紫微（紫殺同宮）、太陽（居旺）、天同（居廟）、天府（居得地之位）、天梁（陷落之位）、祿存等星，便斷定巳年流年是人稱心如意的時候，會進財，也有重重的喜吉稱幸之事。

巳年流年若逢到武曲、破軍（武破同宮）、廉貞、貪狼（廉貪同宮居陷）、太陰（居陷）、巨門（居旺，對宮有落陷之太陽相照）、天相（居得地之位）、化忌星，便會斷定此人在巳年會有人感到不順暢、錢財有損失、有官司和口舌之災，倘若其人本身是得到患病之災的人，可讓災禍減少一半。

※巳年逢天梁運，並不見得吉利，因天梁在巳宮是陷落的，缺乏貴人相助，在財運上也是得自以薪水之類的財或固定的租金型式的財。財是『機月同梁』格的財，也並不多，其他如升官上較不順，一般事物上也有弱運的狀況，因此不算吉運，故原文此處有錯。

※巳年逢巨門運時，因巨門居旺，競爭力會強，做運用口才的職業之人反而有利，雖有是非口舌，運用口才，反而可得利，只要不怕麻煩，反而不算是太壞的流年運程。

※巳年逢天相運，因天相在得地剛合格之位，故為百分之六十的好運機會，此年做事尚稱勤勉、努力、規規矩矩、腳踏實地、按步就班，反而可以一切平順，故不為惡運。

【原文】

午年太歲併小限到午宮入廟化吉

紫微、太陽、武曲、天同、天梁、廉貞、七殺、破軍，丁己甲癸生人，進財遂心。

午年太歲併小限到午宮不入廟化凶

貪狼在午，丙壬癸生人破財官災口舌。

午年太歲值吉凶星

紫微、天府、天機、太陽、武曲、廉貞、天相、巨門、天梁、破軍、祿存，便斷其年人財興旺，婚姻喜事重重。若值太陰、貪狼、天同、羊陀、忌星，便斷其年人財破敗，官災口舌孝服，本身災厄可免。

【原文解釋】

午年流年太歲和小限一起在午宮時，午宮中的星曜是居廟的，主吉

午年逢流年太歲和小限到午宮時，午宮有紫微（居廟）、太陽（居旺）、武曲（武府同宮）、天同（居陷，是同陰同宮，太陰居平）、天梁（居廟）、廉貞（居平，是廉相同宮，天相居廟）、七殺（居旺）、破軍（居廟）等星時，丁年生的人、己年生的人、甲年生的人、癸年生的人，會大進財，並稱

心如意。

※紫微在午宮，丁年生的人、己年生的人有祿存在午宮同宮，己年生的人還有貪狼化權在對宮相照，大利財運。甲年生的人，有祿存在寅宮，是在三合照守之位，亦是在流年財帛宮中和武曲化科、天相同宮，亦主有大財運。生於癸年的人，有祿存在子宮（對宮），和貪狼化忌一起相照午宮，財運亦有但不大，且有人緣關係上的是非災禍，不算很吉。

※太陽在午宮居旺，生於丁年、己年有祿存同在午宮，故主財運佳。生於甲年，有太陽化忌，雖三合宮位寅宮中有祿存，亦不佳，有和男子的是非糾葛，財運仍不算好。生於癸年，有祿存和天梁在子宮（對宮）相照，亦主有財運，並能以強勢的貴人運帶財來。

太陽在午宮，最好的是生於辛年，有太陽化權在午宮，有巨門化祿三合相照，在酉宮又有祿存四方照守，財運很好。

※武曲在午宮居旺，必和居旺的天府同宮。武府在午宮，生於丁、己年的人，有祿存和武府同宮，定會發大財。生於甲年有祿存在寅宮和廉貞居廟一起三合照守，也會有大財祿。生於癸年，有祿存在子宮和七殺居旺一起對照武府，也主財多。

※天同在午宮居陷，必和居平的太陰同宮。同陰在午宮時，財少主窮困，並不佳，故原文此處有錯。生於丁年、己年的人，雖有祿存在午宮，生於丁年的人尚有太陰化祿、天同化權在午宮，但因同陰在午宮居平陷的關係，有權祿也不旺，再加祿存，

只是比一般同陰在午坐命的人平順一點，生活錢財順暢稍好一點而已。根本無法和在子宮的同陰相比，更比不上武府運或太陽運的人了。

※天梁在午宮居廟，生於丁、己年，有祿存同宮在午宮，己年還有天梁化科同宮，財祿不錯，升官更快。生於丁年的人，還有天機、太陰化祿在寅宮，天同化權在戌露，皆在三合照守之位，財祿大進，十分順心。生於甲年的人，會有祿存在寅宮三合照守，但也有太陽化忌在子宮相沖，故不算很吉，稍有生活的財祿而已。生於癸年，有祿存在子宮相照，稍有財祿。

※廉貞在午宮居平，必和居廟的天相同宮，廉相同宮在午宮時，生於丁、己年有祿存在午宮同宮，財運順利有積蓄。生於甲年有祿存在寅宮三合照守，午宮具有廉貞化祿，故財多。生於癸年，有祿存和破軍化祿在子宮相照，故財多。

※七殺在午宮居旺，生於丁、己年有祿存在午同宮，打拚努力，有財祿可進。生於甲年，有祿存在寅宮三合照守，有武曲化科、天府在對宮相照，財運不錯。生於癸年，有祿存和武府在子宮相照，亦主財多。

※破軍在午宮居廟，生於丁、己年有祿存同宮在午，主進財。生於己年，尚有貪狼化權在戌宮三合照守。生於甲年，有破軍化權在午宮，有祿存在寅宮三合照守，主強力奮鬥、衝鋒陷陣而進財。生於癸年，有破軍化祿在午宮，有祿存在子宮相照，主大進財。

午年流年太歲和小限一起到午宮，午宮中的星曜不在廟旺之位，主凶

貪狼在午宮，逢午年流年時，丙年生的人、壬年生的人、癸年生的人，會有破財之事，以及官司纏身和口舌是非。

※貪狼在午宮為居旺，對宮有居平的紫微相照，貪狼是好運星，故運氣不錯。生於丙年有擎羊在午宮和貪狼同宮，為刑運，運氣不佳。人際關係也會差，有破財、傷災之事。生於壬年，有擎羊在子宮，會與午宮之貪狼相沖照，並且流年福德宮中有武曲化忌，故無財，會耗財，並有血光、是非。生於癸年，有貪狼化忌在午宮，也有刑運和是非災禍，亦不佳。

午年流年太歲所當值的吉星和凶星

午年流年逢到紫微、天府、天機（居廟）、太陽（居旺）、武曲（武府同宮）、廉貞、天相（廉相同宮）、巨門（居旺）、天梁（居廟）、破軍（居廟）、祿存等星時，便可斷定此人在午年流年中，是吉祥、順利、有錢財可進，凡事興旺的。並可有結婚之類的喜事發生。

倘若午年流年逢太陰、天同（同陰同宮，居平陷之位）、貪狼（居旺）、擎羊（居陷）、陀羅（此星不會在午宮出現，原文此處有錯）、化忌星，便斷定此人在午年中會破財、有官司、口舌是非，會家中有喪事。倘若不吉的

事發生在其人四周，則其人本身可免災厄侵擾。

※午年流年逢破軍運，雖在廟位，喜歡打拚，有衝勁，但仍多耗財的問題，也有開刀、車禍等血光問題。走破軍運的人也喜歡做美容開刀的手術，因此不是全吉的運程。

※原文此處在凶運的方面提到『同陰在午』的運程，和前面有出入。此種同陰運即使有祿權科同宮，其吉度也不高，因同陰居平陷之位的緣故，但可平安過日子。

※貪狼在午宮的運程，貪狼是好運星，逢貪狼運多少都有突發意外之財運或升官機會。尤其貪狼的對宮是紫微，外面的環境高尚、優厚，一切祥和，故貪狼運應該是美運，不為凶運。原文將之列在凶運，故有錯。

【原文】

未年太歲併小限到未宮入廟化吉

紫微、天機、天府、天相、天梁，壬乙生人發福。太陰，庚壬生人發福生財。

未年太歲併小限到未宮不入廟化凶

太陽，甲乙生人多災晦。天同，丁庚生人多災。武曲壬癸生人生災招官非橫禍。

未年太歲所值吉凶星

紫微、天府、廉貞、天機、破軍、天相，便斷其年人財增益、作事如意、婚姻產育之喜。若遇太陰、太陽、武曲、天同、貪狼、巨門、羊陀、忌宿，便斷其年人財耗散、孝服官災、陰人小口不寧，本人災厄難免。

【原文解釋】

未年流年太歲和小限一起逢到未宮時，未宮中的星曜居廟旺，主吉

未年流年及小限逢未宮，有紫微（紫破同宮）、天機（居陷位）、天府（居得地之位）、天相（居得地之位）、天梁（居旺）的人，以壬年生的人和乙年生的人會有福氣。有太陰在未宮為日月同宮的人，則是庚年、壬年生的人會有福氣多生錢財。

※生於壬年有天梁化祿和有祿存在亥宮。生於乙年有天梁化權，和有祿存在卯宮。

紫破在未宮時，生於壬年，流年財帛宮，會有居平的武曲化忌和居旺的七殺，是錢財困難，是非多的狀況，只有流年官祿宮有祿存和廉貪同宮，在工作時有一點可夠

生活的錢財，也不算什麼好運，並且也會受錢財上的窮困所苦。而且紫破運終究是好面子，場面大、耗財多、寅吃卯糧，會超支的運程，只是有利於打拚奮鬥而已的運程。天梁化祿只是在流年疾厄宮而無用。乙年生的人，有祿存在卯宮和武殺同宮在流年財帛宮，這是『因財被劫』的格式加祿存，稍有財祿，但也不夠豐盛，故算不上太好的運程。

※天機在未宮為居陷。未宮的天機運多災禍，運氣不好，壬年生的人有天梁居旺化祿在對宮相照，也有祿存在亥宮（流年官祿宮）三合相照，稍有財祿，有衣食而已。生於乙年，有天機居陷化祿在未宮，對宮有天梁居旺化權相照，流年財帛宮有祿存三合照守，也有衣食之祿，運氣可上升一點。

※天府在未宮時，生於壬年，有祿存在亥宮三合相照。生於乙年有祿存在卯宮三合相照，也較吉。

※天相在未宮時，生於壬年，有祿存在亥宮（為流年官祿宮）三合相照。生於乙年有祿存在卯宮（為流年財帛宮）三合相照，錢財會順利。

※天梁在未宮，生於壬年有天梁化祿在未宮，有祿存在亥宮三合照守，但對宮有天機居陷，表示外在的環境很差，但仍可有一點財祿。生於乙年，有天梁化權在未宮，又有祿存和天機居陷化祿在卯宮（為流年財帛宮）三合相照，故稍有財祿。

※太陰在未宮為居陷，必與居得地之位的太陽同宮。日月同宮時，生於庚年，有太陰化忌、太陽化祿同宮，雖三合有祿存照守，仍是錢財不多又有是非災禍，不為吉運。

生於壬年，有祿存和天梁陷落化祿在亥宮（流年官祿宮）三合照守，有衣食之祿，不算美運。

未年流年太歲和小限一同逢到未宮，未宮中的星曜不在旺位的，主凶

未年的流年和小限逢到未宮中有太陽（日月同宮），甲年、乙年生的人多有災厄晦暗的日子。未宮有天同（同巨同宮）時，丁年、庚年生的人會多災厄。未宮有武曲（武貪同宮）時，壬年、癸年生的人會招災禍、官司纏身，有橫禍發生。

※未宮有太陽時，必和居陷的太陰同宮，日月同宮在未時，甲年生的人會有太陽化忌在未宮，乙年生的人會有太陰化忌在未宮，皆多是非災厄，而且錢財不順，故主凶運。

※未宮有天同時居陷，必與居陷的巨門同宮。同巨同宮時，生於丁年會有巨門化忌。生於庚年，有陀羅在未宮同宮，同巨已是雙星陷落再加陀羅、運程更壞，有災厄。

※武曲在未宮，必與貪狼同宮，雙星居廟。但生於壬年，有武曲化忌，生於癸年有貪狼化忌，故易招災、官司、橫禍，暴發運也不發。

未年流年太歲所值的吉星和凶星

未年流年逢未宮有紫微（紫破同宮）、破軍、天府、廉貞（廉殺同宮）、

天機（居陷）、天相（居得地之位）等星，便可斷定其人此年逢流年錢財會增多，做事順心如意，有結婚生子的喜事。

倘若流年逢未宮有太陰、太陽（日月同宮）、武曲（武貪同宮）、貪狼、巨門、天同（同巨同宮）、擎羊、陀羅、化忌，便可斷定其人在未年會耗財，家中有喪事、官司、有小人暗害、口舌是非不寧靜。其本人是免不了有災禍的。

※此處所談到未年流年當值的吉星中，並不全然皆吉星和吉運。例如紫破運，即是吉凶參半，適合打拚、開創的運程，但消耗多，無法有留存，財來財去，不算全吉。

◎廉殺運是聰明度不夠，智謀企劃能力不足，只知埋頭苦幹，所以不算很好的運程，而且多血光傷災。人在走此運時性凶、頑固不化。

◎天機陷落在未宮的運程極差，進財不順、做事起落分明，運氣變化坎坷，應該是極差的運程。而且人在走此運時，智慧不足，行動力差，愈做愈錯，運氣晦暗，故原文列為吉運應有錯。

◎天相在未宮的運程，因是在得地剛合格之位，只有平順的一般性的生活，談不上有特別的好運。錢財的順利度也是有衣食之祿而已。

※在凶運方面，此處談到的，日月同宮的運程，算是主貴不主富的運程，在升官方面

還是有希望的，在讀書方面也不錯，只是不利錢財而已，故也不能算是凶運。

◎武貪在未宮的運程，是具有極大暴發運的運程，而且雙星居廟旺之位。是吉度極高的運程，此處列為凶運，是不對的。

◎同巨運在未宮，是福星陷落，無法施福，又有是非口舌、災禍等問題，其實災禍多半是溫和但運氣不好，是人緣關係上的問題，因而帶來爭執、不進財、失職、丟工作、有病痛等厄運。

◎擎羊運、陀羅運、化忌運的凶災範圍較廣，有人際關係上的競爭、爭鬥，有用腦過度，或過度煩惱自身的傷害，也有外在傷災，血光、不進財、耗財、劫財、工作不順、受人欺侮等事。

【原文】

申年太歲併小限到申宮入廟化吉

廉貞、破軍、紫微，甲庚癸生人發福。巨門，甲庚癸生人發福。天機，丁甲癸生人發福，庚生人亦發財發福。

申年太歲併小限到申宮不入廟化凶

天機，乙戊生人災晦。巨門，丁生人不宜。廉貞，丙壬生人有災。天同，甲庚生人災禍。貪狼，癸丙生人有災禍。

申年太歲所值吉凶星

紫微、太陽、廉貞、天府、巨門、七殺、文昌、武曲、祿存，便斷其年人財利益、喜事重重。若遇天機、天同、天梁、天相、太陰、破軍、忌星，便斷其年人財散失，官非孝服，本身災病。

【原文解釋】

申年流年太歲和小限一同逢到申宮，申宮中又有吉星時，主吉

申年流年和小限在申宮時，逢到有廉貞（居廟）、破軍（居得地之位）、紫微（紫府同宮）時，生於甲年、庚年、癸年的人，會有福氣。而逢到申宮中有巨門（陽巨同宮），生於甲年、庚年、癸年的人也有福氣。

申宮有天機（機陰同宮），生於丁年、甲年、癸年的人會有福氣。生於庚年的人，也會發財、發福。

※生於甲年會有祿存在寅宮，相照申宮。生於庚年會有祿存在申宮，主財運順利。但是有破軍在申宮、陽巨在申宮、機陰在申宮的人，生於甲年，雖有祿存在寅宮，仍是不十分的吉利。破軍是耗星，必有破耗或血光之災。陽巨在申宮、太陽居得地之位，已是日落西山，再加上巨門星，是非多、爭鬥災厄多，也不利於進財，故不全

吉。機陰在申宮是太陰居平，天機居得地之位，財少，多變化、不順。生於甲年，外面的環境中有少許的財，出外可小進財，有衣食之祿。生於丁年，有太陰化祿、天機化科、做事有方法，可小進財。生於癸年，有祿存在子宮（是流年官祿宮）和天梁同宮，是三合照守的形式，努力工作也有財進，但不是真的發財。生於庚年，有太陰化忌、祿存、天機同在申宮，雖有衣食之祿，但仍多是非災厄，及金錢上的不順問題出現。

申年流年太歲和小限一同在申宮，而申宮中的星曜不居廟旺，主凶

申年流年和小限逢申宮中有天機星（機陰同宮），又是生於乙年、戊年的人容易有災厄、晦暗的日子。有巨門星（陽巨同宮），生於丁年的人，生活困頓不吉。有廉貞星在申宮，生於丙年、壬年的人逢申年有災厄。有天同星在申宮的人生於甲年、庚年的人有災禍不吉。有貪狼星在申宮的人，生於丙年、癸年的人逢申年有災禍發生。

※申宮有天機星，必是機陰同宮，生於乙年，有太陰化忌在申宮，生於戊年，有天機化忌，逢流年和小限在申宮時，因有化忌星同宮，多是非災禍和金錢不順，運氣不佳。

※申宮有巨門星，生於丁年，有巨門化忌在申宮，也有是非災厄。

※申宮有廉貞星，生於丙年，有廉貞化忌在申宮，不吉。生於壬年有武曲化忌、天府，

擎羊同在子宮（為流年官祿宮，亦是三合相照）也在工作上會有災禍，要小心。

※申宮有天同，為居旺，必與居陷的天梁同宮。同梁在申宮，本是懶惰享福的運程，奮發力不足，錢財也缺少的運程。生於甲年又有太陽化忌在流年福德宮，更是頭腦混沌，多惹是非、懶惰成性，故運不佳。生於庚年，有太陰化忌在流年財帛宮，錢財不順，且有金錢上的是非麻煩。

※貪狼在申宮時，生於癸年有貪狼化忌在申宮，逢申年，會有人緣不佳，沒有機會、運氣，也有是非災禍。生於丙年，因有廉貞化忌在對宮（寅宮）相照，外面的環境多官非災禍也不佳。

中年流年太歲所當值的吉星與凶星

中年流年中凡遇紫微（紫府同宮）、天府、太陽、巨門（陽巨同宮）、廉貞、七殺、文昌、武昌（武相同宮）、祿存等星，便可斷定其人在中年會有錢財利益豐厚的事，也有喜事多的情形。

中年流年中凡遇天機、太陰（機陰同宮）、天同、天梁（同梁同宮）、天相（武相同宮在申，故不可算是凶運，原文有錯。）、破軍、化忌星，便斷定以此年會耗財、散財，無法有積蓄，有官司、家中有喪事發生等事件發生。其人本身也會發生得到病痛的災厄。

【原文】

酉年太歲併小限到酉宮入廟化吉

紫微、天梁、太陰酉宮守命，丙戊乙辛生人，進財吉利。

酉年太歲併小限到酉宮不入廟化凶

太陽、天同，甲乙生人不宜。武曲，庚壬生人不宜。天相，甲庚生人不宜。廉貞，甲庚丙辛生人不宜。天府，甲庚壬生人不宜。

酉年太歲所值吉凶星

祿存、太陰、紫微、天府、昌、曲、左、右，便斷其年人財興旺、作事遂心。若值天機、巨門、武曲、廉貞、擎羊、陀忌，便斷其年人離財散，口舌官非。

【原文解釋】

酉年流年太歲和小限一同到酉宮時，酉宮中的星曜為居廟旺的，主吉

酉年流年太歲和小限在酉宮中逢到紫微（紫貪同宮）、天梁（陽梁同宮）、太陰（居旺）等星在酉宮坐命的人，同時又是生於丙年、戊年、乙年、辛年的人，可有財祿，大吉利。

※生於丙年、戊年，有祿存在巳宮，是三合照守酉宮。生於乙年有祿存在卯宮是相照酉宮。生於辛年，有祿存在酉宮，故逢酉年流年，有財利可進。

※紫貪坐命酉宮，生於丙年，流年官祿宮有廉貞化忌、七殺，故不可算全吉，工作上有官非爭鬥的災禍，會有官司事件。生於戊年，有貪狼化祿在命宮，也在流年宮位中，巳宮又有祿存，在流年財帛宮中，故主有財利可進。生於乙年，有紫微化科在酉宮，又有祿存在卯宮相照酉宮，逢酉年主吉。生於辛年，有祿存在酉宮，故酉年有財祿。

※天梁坐命酉宮時，必與太陽居平同宮，而且天梁只在得地之位，生於丙年，有祿存和居陷的太陰同在巳宮（為流年財帛宮），稍有衣食之祿。

◎生於戊年，有祿存和居陷的太陰化權同在巳宮（為流年財帛宮），流年福德宮中有天機化忌，故吉凶參半，稍有衣食之祿，但有是非災禍。

◎生於乙年，有太陰居陷化忌在流年財帛宮，但有祿存在卯宮相照酉宮，財運仍不順，外面環境中有財，但此人也賺不到，依舊窮困無著。

◎生於辛年較吉，有祿存在命宮酉宮，又有太陽居平化權在命宮酉宮，做秘書或幕後及檯面下掌權的人會有財祿，無法做幕前的人物，會無權無地位、無財祿。

※太陰坐命酉宮的人，丙年生的人，有祿存在巳宮（流年財帛宮）和太陽同宮，是三合照守命宮酉宮。主財官俱美。生於戊年，有太陰居旺化權在命宮酉宮，有祿存在巳宮（流年財帛宮）三合照守。做公務員或經商主掌權位和財祿，做財經首長尤佳之命格。生於乙年，有太陰化忌在命宮酉宮，為不吉。逢酉年有錢財是非困擾和不順，也和女人不和，雖然對宮有祿存，但不能解是非災禍。

◎生於辛年，有祿存在酉宮，有太陽居旺化權在財帛宮，也主富，財官並美之命格。逢酉年更豐盛。

酉年流年太歲和小限一起到酉宮，而酉宮中星曜不在廟旺之位的主凶

酉年逢酉宮中有太陽（陽梁同宮）、天同（居平）等星，生於甲年或乙年的人，不吉。酉宮中有武曲（武殺同宮）生於庚年、壬年的人不吉。酉宮中有天相星（居陷落），生於甲年、庚年的人不吉。酉宮中有廉貞（廉破同宮），生於甲年、庚年、丙年、辛年的人不吉。酉宮中有天府星，生於甲年、庚年、壬年生的人不吉。

※陽梁坐命酉宮時，生於甲年有太陽化忌在命宮，逢酉年有和男人之間的是非爭鬥災禍，也有事業上的晦暗災禍，故不吉。生於乙年，命宮有天梁化權，但有太陰居陷化忌在財帛宮，逢酉年，太陰居陷化忌剛好是在流年財帛宮中，正逢其時，有財運困難，多是非的問題，故不吉。

※天同坐命酉宮，對宮有居陷的太陰相照，財少。生於甲年，有擎羊，在卯宮沖照酉宮，又有太陽化忌在流年福德宮，很不吉，無財祿，又有是非爭鬥、血光之事、災禍多。生於乙年，有太陰化忌和祿存在卯宮沖照酉宮，『祿逢沖破』，也不吉。

※武曲在酉宮坐命，必是武殺同宮。庚年生的人，有武曲居平化權在命宮，但也有擎羊同在命宮，武殺羊同宮，必因錢財之事持刀傷人或遭殺傷、殺死之禍事不吉。災禍嚴重，有性命之憂。生於壬年有武曲化忌在命宮酉宮，也會因錢財不清楚而遭禍，且有經濟困難、窮困之命格，流年逢之窮困更甚。

※天相在酉宮居陷，因對宮有廉破相沖照，是窮困多災的運程。甲年生的人，有擎羊和廉破在卯宮沖照，外在的情況險惡，有是非爭鬥或血光、傷重之災。生於庚年有擎羊在酉宮和天相同宮，為『刑印』的格局，更是有血光傷重之災和家破之災，錢財困難，災禍重重。

※廉貞在酉宮必和破軍同宮，雙星俱居平陷之位，不吉。生於甲年有擎羊在卯宮沖照和天相同宮，外面環境是『刑印』的格局，工作不易，本命酉宮雖有破軍化權、廉貞化祿，但終會因政治事件，或有傷臉面的事情，在名譽上受損而敗下陣來，會遭是非爭鬥的啄傷。自己也會有傷災、血光之禍。

◎生於庚年，有擎羊和廉破同宮在酉宮（命宮），流年逢酉年，有是非爭鬥和血光傷災、破財耗損等災殃之事。

◎生於丙年有廉貞化忌、破軍同宮在酉宮（命宮），逢流年至酉年，有因頭腦不清而惹官司、賠錢、坐牢等事。也會有血光傷災、耗損等災禍。

◎生於辛年有祿存在酉宮和廉破同宮，除非有文昌化忌，在酉宮形成『羊陀夾忌』的惡格，有性命之憂以外。沒有文昌化忌在酉宮或卯宮的人，則有衣食之祿，算是稍有平順的運程。

※天府坐命酉宮的人，生於甲年，有擎羊在卯宮沖照，不吉，有血光之災或刑財的困擾。生於庚年，有擎羊在酉宮和天府同宮，是直接刑財的格局，錢財有不順之勢，不吉。生於壬年，有擎羊在丑宮（為流年官祿宮）和天相同宮，為『刑印』的格局，三合照守流年命宮，在工作上會不順利，會有失職之處罰，降職或失業，錢財也不順。

酉年流年所當值的吉星和凶星

酉年流年逢到有祿存、太陰（居旺）、紫微（紫貪同宮）、天府（居旺）、文昌、文曲、左輔、右弼等星，便可斷定其人在酉年中會財運佳，作事順利稱心如意。倘若逢到天機、巨門（機巨同宮）、武曲（武殺同宮）、廉貞（廉破同宮）、擎羊、陀羅、化忌星等星，便可斷定其人在酉年會家庭中有分離之事、錢財耗敗、口舌是非、官司等事件。

※酉年逢機巨運，因天機居旺、巨門居廟的關係，倒不一定是凶運。在此運中會碰到一些事情多變化和口舌是非的問題，因雙星皆在廟旺之位，愈變會愈有轉機，再利

用強勢的口才解釋、辯解，也可能為有利自己的好運方面。只是要不怕麻煩、敢於辯論和敢於競爭罷了。此運是不可退縮的運程，否則也無法安全度過。

【原文】

戌年太歲併小限到戌宮入廟化吉

紫微，壬甲丁己生人進財。太陰，丁己生人吉慶。武曲，丁己甲庚生人吉慶。天機，甲乙丁己生人發福。巨門，丁己辛癸生人發福。天同、廉貞、破軍、七殺，丁己甲生人發財。

戌年太歲併小限到戌宮不入廟化凶

貪狼，癸生人不宜。天同，庚生人不宜。天機，戊生人不宜。巨門，丁生人不宜。太陽，甲生人不宜。廉貞，丙生人不宜。武曲，壬生人不宜。

戌年太歲所值吉凶星

天機、太陰、天梁、天府、武曲、七殺、貪狼、左右、天同，便斷其年人財利益、作事遂心、家道興隆。如遇巨門、太陽、破軍、紫微、天相、忌宿，便斷其年人財退失、孝服官災，本身見病減半論之。

【原文解釋】

戌年流年太歲和小限一起逢到戌宮，戌宮中的星曜居廟旺，主吉

戌年流年或小限逢戌宮中有紫微星（紫相同宮）的人，又生於壬年、甲年、丁年、己年的人會大進財。戌宮中有太陰星（居旺）的人，生於丁年、己年的人是吉慶有餘、富足的。戌宮中有武曲星（居廟）的人，生於丁年、己年、甲年、庚年的人，是吉慶有餘的。戌宮中有天機星（機梁同宮）的人，生於甲年、乙年、丁年、己年的人會有福氣。戌宮中有巨門（居陷）的人，生於丁年、己年、辛年、癸年的人會發福。戌宮中有天同（居平）、廉貞（廉府同宮）、破軍（居旺）、七殺（居廟）等星的人，生於丁年、己年、甲年的人會發財，主富。

※在此段文字的認定中，發財、發福的層次有天壤之別。例如紫相運、因紫微、天相皆居得地之位，只是一般的平順運程，有化權，更吉利而已，可使萬事趨吉，具有掌控權。武曲星在戌宮居廟，是『武貪格』暴發運的年份，只要不成為破格，沒有化忌、劫空、羊陀同宮，都會暴發錢財，而且是暴發百萬至上億的財產（此要看其

人命格八字的層次而言）。因此武曲在戌宮的運程是第一等的好運層級。例如巨門居戌宮為居陷，是多是非、多災的局面，有權、祿相逢，稍好一點，但仍有是非口舌之災，或其他的不順，是很差的運程。有機梁在戌宮，不主財，有權祿相逢，有衣食之祿，亦只是一般平順層次的運程。廉府運也是一般層次，稍有衣食、財祿的運程。破軍運程，因本身帶有耗財、傷剋的成份，但適合打拚奮鬥力強，是凶性多，吉性少的運程。七殺運亦同。

※紫相在戌宮，生於壬年有紫微化權入宮，但流年福德宮有七殺、擎羊，而且流年財帛宮有武曲化忌、天府，故財運仍然不順，有錢財上的是非災禍，但可平順度過。

◎生於甲年，有祿存在寅宮（流年官祿宮）三合照守，又有武曲化科、天府在午宮（流年官祿宮）三合照守，稍吉，在事業上有財祿可進。

◎生於丁年，有祿存在午宮（流年財帛宮）中和武府同宮，得財多。

◎生於己年，有祿存和武曲化祿、天府在午宮三合照守，主得財多。

※太陰在戌宮居旺，生於丁年有太陰化祿在戌宮，又有祿存在午宮（流年財帛宮）主財多。

◎生於己年，有祿存在午宮（流年財帛宮）主錢財順利。

※武曲在戌宮為居廟，是『武貪格』暴發運格。生於丁年，有祿存在午宮與廉相同宮（流年財帛宮）主錢財多進。戌年會暴發偏財運。

◎生於己年，有武曲化祿在戌宮，對宮有貪狼化權相照，並有祿存在午宮（流年財帛宮），在戌年是最強勢的暴發運格，會得億萬財富。

◎甲年生的人，有武曲化科在戌宮，寅宮有祿存三合照守，戌年有暴發運，在事業上錢財大進。

◎庚年生的人，有武曲化權在戌宮，在戌年是強勢的暴發運格，有億萬之資，以上皆不止吉慶而已，實為大富大貴的運程。

※天機在戌宮為機梁同宮，是有小聰明，有異人相助的運程，本身不主財。

◎生於甲年，有祿存三合照守，平順。生於乙年，有天機化祿、天梁化權在戌宮，為人服務，操勞工作稍有衣食之祿的財。但有極強的貴人運，也會帶一些財給你。但此財只是一般的薪水類之財。生於丁年，有祿存在午宮和居平陷的同陰同宮（為流年財帛宮）三合照守，有天機化科在戌宮，有衣食之祿，財少。生於己年，有祿存在午宮三合照守，有衣食之祿，財不多。

※巨門在戌宮為居陷，有是非口舌之災禍，進財不易，運程極差。

◎生於丁年，有巨門化忌在戌宮，有祿存在午宮（流年財帛宮）三合照守，有衣食之祿，但財少，是非口舌，災禍特多，已蓋過稍有的財祿，故財祿仍是不順。

◎生於己年，有祿存和太陽在午宮三合照守，逢戌年仍窮，有是非災禍。

◎生於辛年，有巨門化祿和擎羊同宮在戌宮，是『刑財』的局面，戌年時財祿並不見得順利，是非災禍，血光嚴重，耗財，不吉。

◎生於癸年，有巨門陷落化權在戌宮，有祿存和天梁居廟在子宮（是流年福德宮）稍有衣食之祿，但戌年其人喜用口舌是非的方式多管閒事，是非災禍不免。

※天同在戌宮為居平，對宮有陷落之巨門相照，故運程亦不佳，且是有些懶惰又操勞於是非口舌之災禍的運程。生於丁年，對宮有巨門化忌相照，又有祿存在午宮（流年財帛宮）三合照守，本身有天同化權在戌宮，錢財順利，是非災禍多，最後可平順度過。

◎生於己年，有祿存在午宮，手中錢財可富裕，但仍多是非口舌之災。

◎生於甲年，有祿存在寅宮（流年官祿宮）和機陰三合照守，有工作就有衣食之祿，不算太吉，仍多是非勞碌。

※廉府在戌宮，廉貞居平、天府居廟，是智慧、謀略不高，憑苦幹、斤斤計較的心態儲蓄而平順、富裕的運程。生於丁年，有祿存在午宮（流年財帛宮）和紫微同宮，故錢財上可多得。

◎生於己年，亦有祿存在午和紫微同宮，錢財上可多得。

◎生於甲年，有祿存在寅宮（流年官祿宮），有廉貞化祿、天府在戌宮（命宮），在工作上可得財祿很多。

※破軍在戌宮為居旺，對宮有紫相相照，外面的環境是平順祥和的，適合打拚努力。

但破軍仍有破耗、損失的內含，故破軍運始終不是吉運。

◎生於丁年、己年，皆有祿存在午宮（流年財帛宮）和七殺同宮，三合照守，此也有『刑財』的色彩，故財不多，耗財多。

◎生於甲年有破軍化權在戌宮，有祿存與貪狼在寅宮（流年官祿宮），故努力奮鬥，極力除舊佈新，在事業上開疆闢土可有財祿。

※七殺在戌宮居廟，七殺運雖是埋頭苦幹，一切為取財而奮鬥打拚的運程，但仍帶有傷剋、血光、爭鬥的成份。生於丁年、己年有祿存在午宮（是流年財帛宮）和貪狼居旺同宮來三合相照戌宮，且己年有貪狼化權，在錢財有好運。生於甲年，有祿存在寅宮和破軍化權同宮（此是流年官祿宮）三合照守，在事業上更是拚命，有開創的格局，亦能賺到大錢。

戌年流年太歲和小限一起逢到戌宮，戌宮中的星曜不在廟旺的主凶

戌年流年、小限逢戌宮中有貪狼星時，生於癸年的人不吉。戌宮中有天同星時，庚年生的人不吉。戌宮中有天機星（是機梁同宮），戌年生的人不吉。戌宮中有巨門星時，丁年生的人不吉。戌宮中有太陽星時，甲年生的人不吉。戌宮中有廉貞星時，丙年生的人不吉。戌宮中有武曲星時，壬年生的人不吉。

※因上述這些星曜所逢到的出生年份都會有化忌星相隨同宮，有是非災禍、財運不順、傷災、血光等事件，故不吉。

戌年流年太歲所當值的吉星和凶星

戌年流年中逢到戌宮有天機（機梁同宮）、太陰（居旺）、天梁（機梁同宮）、天府（居旺）、武曲（居廟）、七殺（居廟）、貪狼（居廟）、左輔、右弼、天同（居平），便可斷定戌年是運氣很吉祥，錢財得利，作事如意順心，家道旺盛興隆的。如果戌宮有巨門（居陷）、太陽（居陷）、破軍（居旺）、紫微、天相（紫相同宮）、化忌星，便可斷定此人在戌年是錢財耗損，有喪事、官非纏身，倘若其人本身在此運中患病，則可以災禍減少一半來論了。

※在戌宮的天同運為居平，只是溫和又勞碌的運程，對宮有居陷的巨門相照，外界的環境是非爭鬥多又險惡，算不上是吉運。況且此運帶有懶惰的意味，有固定的工作尚稱吉利，無法增加更多的財祿。

※紫相運，紫微、天相皆居得地之位剛合格，三合照守有武府、廉貞實為一吉運的運程，此處列在凶運的地方，原文實有錯誤。

【原文】

亥年太歲併小限到亥宮入廟化吉

紫微、天同、巨門、天梁，壬癸戊生人吉慶。天機，壬生人吉美。天相，丁己生人及丙戊生人發福。太陰，戊己生人財官雙美。

亥年太歲併小限到亥宮不入廟化凶

廉貞，丙壬癸生人不宜。武曲，壬丙生人不宜。太陽，甲生人不宜。

亥年太歲所值吉凶星

天同、太陰、天梁、紫微、天府、昌曲、祿存，便斷其年人財進益、喜氣重重、謀事俱稱心懷。若遇廉貞、破軍、七殺，便斷其年人財耗散、小口死亡，本身災晦。

【原文解釋】

亥年流年和小限一起逢到亥宮，而亥宮中的星曜皆在廟旺之位的主吉

亥宮的流年和小限一起逢到亥宮，而亥宮中有紫微（紫殺同宮）、天同

（居廟）、巨門（居旺）、天梁（居陷），出生在壬年、癸年、戊年的人會吉祥順利。亥宮有天機星（居平），生於壬年的人有吉運。亥宮有天相星（居得地合格之位）生在丁年、己年、丙年、戊年的人，會有福氣。亥宮中有太陰（居廟），生在戊年、己年的人會有財祿和升官運。

※紫微在亥宮為居旺，必和居平的七殺同宮。紫殺運會很忙碌、愛打拚，流年財帛宮逢到武貪，會有意外的財運。生於壬年，有紫微化權在亥宮，但流年財帛宮中會有武曲化忌，暴發運不發，且有錢財上的是非不順，但可平安度過。

◎生於癸年，有破軍化祿、廉貞在流年官祿宮中，又有貪狼化忌、武曲在流年財帛宮中，還有擎羊在流年福德宮中，是勞碌、錢財多是非、不順，財運不佳的年份。用勞碌拚命工作可化解，不算吉運。

◎生於戊年，有貪狼化祿、武曲在流年財帛宮三合照守，較吉。錢財多得。

※天同在亥宮居廟，是平順享福的運程。生於壬年，有祿存在亥宮（命宮），故錢財大進。生於癸年，有巨門化權、天機同在流年官祿宮中，在事業上有強勢的主控力。雖有是非爭鬥，但能戰勝，以從事教職、高科技工作為佳。生於戊年，有祿存在對宮相照，有太陰化權、太陽陷落在流年福德宮，但在流年官祿宮中有天機化忌、巨門，能掌錢財有財祿，但工作上仍不順，是吉凶參半的運程。

※巨門在亥宮居旺，生於壬年，有祿存在亥宮，故多錢財可進。生於癸年，有巨門化

權在亥宮，具有強勢的說服力，做政治工作、公職有利。也能多生錢財。生於戊年，有祿存在巳宮相照，但流年財帛宮中有天機居陷化忌，有財進，也有錢財上的是非不順，是吉凶參半的運程。

※天梁在亥宮居陷，此運不佳。沒有貴人運，錢財亦少。生於壬年有祿存在亥宮，又有天梁化祿，略有衣食之祿，生活較好。生於癸年，有陀羅在亥宮與天梁陷落同宮，運氣不佳，有拖延滯礙難行之苦，為凶運。生於戊年，有祿存在巳宮相照亥宮，主外界的環境中有財祿，要打拚才有財。不算很吉的運程。

※天機在亥宮居平，對宮有居陷的太陰相照，是財少，情況不佳，多變動的運程。生於壬年有祿存在亥宮同宮，稍有衣食之祿。

※天相在亥宮居得地之位，生於丁年有陀羅在巳宮和武破相照亥宮，外面的環境是窮困不佳的環境，此運不算好運。生於己年，有陀羅在巳宮和武曲居平化祿、破軍同宮，稍有衣食，但不富裕，是窮困的衣食之祿。未宮又有擎羊和天府同宮，是流年財帛宮為刑財的格局，進財不順，亦不算好流年。生於丙年，有祿存和武破在巳宮相照亥宮，有衣食而已，不富裕。生於戊年，有祿存和武破在巳宮相照亥宮，也是只有衣食，不富裕的生活，因此都不算太吉的運氣。

※太陰在亥宮居廟，對宮有居平的天機相照，表示外在的環境多變化，不吉。生於戊年，有祿存和天機化忌在巳宮相照亥宮，外在的環境中雖有少許的財，但是非變化，災禍會把財磨光了，故不吉，並有『羊陀夾忌』在巳宮相照，應算是凶運。生於己年有擎羊在未宮，是流年財帛宮，有武曲化祿、天相在流年田宅宮中，此年是手中

的錢財不順，要賺凶險的財，但在房地產中有斬獲，而且家宅平順。雖然流年官祿宮為陽梁居廟，可為升官之喜，但財並不多。

亥年流年和小限一起逢亥宮，亥宮中的星曜不在廟旺之位主凶

亥年流年和小限逢亥宮中有廉貞（廉貪同宮），生於丙年、壬年、癸年的人大不吉。亥宮中有武曲（武破同宮）生於壬年、丙年的人大不吉。亥宮中有太陽為居陷落，生於甲年的人大不吉。

※廉貞在亥宮，必與貪狼同宮，是雙星俱陷落。也是最差的運程，凡事不吉。生於丙年，有廉貞化忌在亥宮，對宮有祿存在巳宮相照，也能形成『羊陀夾忌』的惡格，逢巳、亥年皆有性命之憂，只要三重逢合，會遭滅亡之災。生於壬年，有祿存在亥宮與廉貞同宮，但流年官祿宮為武曲化忌、七殺，工作上必逢災禍，也是不吉。癸年生的人有貪狼化忌在亥宮，人緣不佳，是非多、災禍多，沒有機會，也沒有財祿。

※武曲在亥宮居平，必與居平的破軍同宮。這是『因財被劫』的格式，主窮困。生於壬年，有武曲化忌、破軍、祿存同在亥宮，祿無法解忌，而且會形成『羊陀夾忌』之惡格，有性命之憂。生於丙年，有祿存在巳宮和天相同宮相照亥宮。但流年財帛宮中有廉貞化忌、七殺，財運仍不順，且會引起官非之事，故不吉。

※太陽在亥宮居陷，已是不吉。生於甲年有太陽化忌在亥宮，更不吉，有是非災禍會發生，且有眼病嚴重的問題。

亥年流年太歲所當值的吉星和凶星

亥年流年逢亥宮中有天同（居廟）、太陰（居廟）、天梁（居陷）、紫微（紫殺同宮）、天府（居得地之位）、文昌、文曲、祿存，便可斷定此人在亥年中會進財得利，有喜事，做事順心，萬事如意。倘若亥年逢亥宮，有廉貞（廉貪同宮）、破軍（武破同宮）、七殺（紫殺同宮），便可斷定此年中有耗財，小孩子死亡，其人本身有災厄、晦暗的事情。

※原文此處文字中，在亥宮中原是雙星同宮的星曜被分散，一個置於吉運處，一列凶運處實在是不對的。例如紫微、七殺在亥宮是雙星同宮的。武曲和破軍也是在亥宮雙星同宮的，故不可像原文中分開來看。

21. 論諸星同位垣各同所宜 分別富貴貧賤夭壽之解析

此篇主旨主要是談論各個星曜分別在十二個宮位中，不論是單星在宮位中，亦或是雙星同宮，再因出生的年份不同，而有科、權、祿、忌的輔助、影響，及所處宮位的旺弱，而分出富貴、貧賤、早夭及長壽的方法。

（此中文句內容取自『太微賦』、『斗數骨髓賦』等多篇賦文、論說集結而成）

論諸星同位垣各同所宜，分別富貴貧賤夭壽

紫微星

【原文】

紫微　廟 寅丑未　旺 申亥卯巳　平 子　無陷　註①

紫微居午無刑忌甲丁己命至公卿　加刑忌平常，刑乃擎羊也。註②

紫微居子午科權祿照最為奇　科權祿三方照是也，為仰面朝斗格。註③

紫微男亥女寅宮壬甲生人富貴同　同男女同也。註④

紫微卯酉劫空四殺多為脫俗之僧　四殺羊陀火鈴也。註⑤

紫微天府全依輔弼之功　紫府得輔弼同垣及三方拱照嘉會終身富貴。註⑥

紫府同宮無殺湊甲人享福終身　紫府同在寅申宮守命，六甲人富貴。註⑦

紫府朝垣並祿逢終身福厚至三公　命坐寅申，再加吉星妙。註⑧

紫府同臨巳亥一朝富貴雙全　註⑨

紫府日月居旺地必定出位公卿器　紫午、府丑，無殺加又化祿是也。註⑩

紫府武曲臨財宅更兼權祿富奢翁 得左右祿存亦同 註⑪

紫微輔弼同宮一呼百諾居上品 或作三方為次吉，在財帛宮則為財賦之官。 註⑫

紫府擎羊在巨商 得武曲居遷移者吉。 註⑬

紫府夾命為貴格 註⑭

紫祿同宮日月照貴不可言 紫微、祿存同宮，日月三合拱照。 註⑮

紫微昌曲富貴可期 註⑯

紫微七殺化權反作禎祥 註⑰

紫微太陰殺曜逢一生曹吏逞英雄 註⑱

紫微破軍無左右無吉曜凶惡胥吏之徒 註⑲

紫微武曲破軍會羊陀欺公禍亂　只宜經商。　註⑳

紫微權祿遇羊陀雖獲吉而無道　為人心術不正。　註㉑

紫微七殺加空亡虛名受蔭　註㉒

紫破命臨於辰戌丑未再加吉曜富貴堪期　註㉓

紫破辰戌君臣不義　安樂山趙高命是也。　註㉔

紫破貪狼為至淫，男女邪淫　註㉕

女命紫微太陽星，早遇賢夫信可憑　註㉖

女命紫微在寅午申宮吉貴美，旺夫益子，陷地平常。　註㉗

子酉及巳亥加四殺美玉瑕玷日後不美

【解析】

註①紫微星在寅宮、丑宮、未宮是居廟旺之位的。在寅宮是紫府同宮，在丑宮是紫破同宮，在未宮也是紫破同宮，破軍居旺位。

紫微星在申宮、亥宮、卯宮、巳宮為居旺位。在申宮是紫府同宮，天府只居得地之位。在亥宮，是紫殺同宮，七殺居平位。在卯宮，是紫貪同宮，貪狼居平位。在巳宮也是紫殺同宮，七殺居平位。

紫微星在子宮居平位，是單星獨坐。紫微星是無居陷位的。

※原文此處漏了紫微星在午宮亦是居廟位的，而且是單星獨坐。

註②紫微星居午宮為居廟位，在沒有刑星（指擎羊星）同宮，和沒有化忌星相照（此指對宮有貪狼化忌相照，亦指癸年生人），出生於丁年、己年的人為貴命，可做高官貴位，位至公卿（現今指府院首長）。有刑忌入命的人，為不貴之平常人的命格。刑星指的是擎羊星。

※此處所談之刑忌，應廣泛的指羊陀、火鈴、地劫、天空、化忌星等在三合四方之位沖照刑命，而不是只論有擎羊、化忌同宮或相照而已。

※丁年、己年生的人有祿存在午宮，和紫微同宮入命。己年生的人，尚有貪狼化權在遷移宮，照守命宮，形勢更強，主貴的力量更大。只要沒有劫空在『夫、遷、福』等宮位出現，定有主貴的大成就。

註③紫微居子宮、午宮，有化科、化權、化祿照守，是最奇特的命格。

※下面小字的解釋說，無論紫微在子宮或午宮，科權祿要三方照守，為仰面朝斗格。此句解釋甚有問題。科、權、祿無論如何地無法三方照守，因為紫微單星坐命子、午宮的三合宮位中財帛宮是武相、官祿宮是廉府，只有甲年生的人最好，有武曲化科、天相在財帛宮，廉貞化祿、天府在官祿宮，而破軍化權在福德宮，並不在三合之位。祿存會在寅宮，也會在財、官二位出現。其他如乙年有紫微化科，三合之位就沒有權、祿了。且有擎羊在辰宮，陀羅在寅宮，反而有刑忌之星，不佳。壬年有紫微化權，但三合宮位財帛宮中有武曲化忌，故命格就談不上奇特了。仍是以紫微坐命午宮己年生的人為最吉。

※『仰面朝斗格』只有指七殺坐命寅宮的專有名詞，後來的注釋者也稱紫微在子、午宮為此格，是嚴重的錯誤。

註④紫微坐命，以男子在亥宮坐命和女子在寅宮坐命者，生於壬年、甲年的人，所得到的富貴是一樣高的。

※男子在亥宮坐命指的是紫殺坐命亥宮的人，生於壬年有紫微化權、七殺、祿存在命宮，但有武曲化忌、貪狼在財帛宮，暴發運不發，手中的錢財有是非麻煩也並不多。

此命格有一定的財祿，是主貴不主富的命格，化殺為權，事業成就很大，也會有高級的生活水準了。生於甲年，有武曲化科、貪狼在財帛宮，有廉貞化祿、破軍化權在官祿宮，事業成就很大，有權勢，亦有暴發運，能連升三級，做大官。也能有一些財祿了。以做軍警武職為佳。

※女子有紫微坐命寅宮，必是紫府同宮坐命寅宮的人。生於壬年有紫微化權、天府在命宮，可在政府機構做主管級的人物。財帛宮有武曲化忌，暴發運不發，此命格主貴不主富。生於甲年，有祿存和紫府同坐命宮，有廉貞化祿、天相在官祿宮，有武曲化科在財帛宮，有破軍化權在福德宮，只要財、福沒有文昌、文曲劫空同宮，官祿宮、夫妻宮、遷移宮沒有劫空，就可成為富貴特高之人。能掌權、有地位，做大官或大機構負責人。成就非凡，財富一級棒。

※認真比較起來，男命紫殺在亥宮，和女命紫府在寅宮，又生於壬年、甲年一共有四種命格了。這四種命格的人的一生富貴全是不一樣高低、大小的。財富不一樣了，貴位也不一樣高。而且陽男和陽女所行的運程也不一樣。紫殺坐命亥宮的男子，順時針方向行運，從十幾歲開始連行三個空宮弱運，接下來在四十五歲時又走廉破運，再走空宮弱運，直至六十五歲以後才是天府運，故走的是老運，故一生富貴不算大。紫府坐命寅宮的女子，壬、甲年生人是陽女，逆時針方向行運，少年、青年、中年走的是天機陷落運、破軍運、太陽陷落運，甲年生的女子，中年四十歲以後會發財，有平生最大之暴發運。故甲年生人，會有大成就，反而比紫殺居亥坐命之男子命格高。

註⑤紫微坐命卯、酉宮，有劫空、四殺（羊、陀、火、鈴）者，多半為出世的僧人之命格。

※紫微在卯宮、酉宮坐命者，必是紫貪同宮坐命的人。倘若只有地劫、天空或擎羊、陀羅、火星、鈴星其中一、兩個星和紫貪同宮，或三合照守尚不至於會出家。一定要有三個煞星以上，同宮或三合四方來照守的命格才會成為出家之人。紫貪是『桃花犯主』的格局，有劫空，可抵制桃花，刑煞之星多時，便會影響人緣關係，有出世的念頭，故會出家。

註⑥紫微、天府同宮，一定要有左輔、右弼同宮或相夾，或在對宮相照輔助才為貴命。

※因紫微是帝座，天府是財庫星，雙星同是南、北斗中至尊之星，也沒有什麼星可與之匹配共坐。況且無左、右便無左右手，帝王為孤君。因此紫府同宮時得左輔、右弼等輔弼之星來同宮或三方拱照，必能主貴，得富。其人一生必有富貴。

註⑦紫府同宮坐命時，沒有煞星來沖照時，生於甲年的人會有富貴，終身可享用。

※紫府坐命寅、申宮，甲年生的人，有祿存在寅宮，會在命宮或遷移宮中，財帛宮中有武曲化科，有暴發運。官祿宮中有廉貞化祿、天相。福德宮中有破軍化權。其人會有堅強的意志，敢做敢當，奮勇直前，財富和官位皆在奮鬥中所得，但要在命、

財、官、夫、遷、福等宮位沒有劫空出現，才是真正的富貴之人。

註⑧紫府朝垣（指命宮在寅宮、申宮）的人，並且有祿星在命宮，會有高官厚祿，會做府會首長的官位。

※紫府坐命寅宮，生於甲年有祿存在命宮，財帛宮有武曲化科。紫府坐命申宮生於庚年，會有祿存在命宮，會有武曲化權在財帛宮，這些命格都是財祿億萬、官位高的人。

註⑨紫微、天府分別在巳、亥宮時，有一天一定會有富足的生活和貴顯以地位的。

※紫微在巳、亥宮時，一定是紫殺同宮，而對宮有天府星相照，雖然看起來命格不錯，但要注意有沒有煞星侵臨和三合四方照守的星曜中有無煞星。譬如說：有天空、地劫和紫殺坐命同宮或在對宮相照，甚至是三合照守，四方沖照皆不吉。有陀羅、火、鈴同宮也不吉，也沒有富貴雙全了。倘若財帛宮、福德宮有火、鈴和武貪同宮或相照，反而有雙重暴發運，這就真的是一朝富貴雙全了。

註⑩此句原文下面小字註釋是錯誤的。因為紫微在午宮時，天府並不在丑宮。若單指天府坐命丑宮亦不妥，紫微只有化科、化權，並無化祿。化祿更沒有落於天府星，因此此句解釋為後人添加錯誤之解釋。

此句正確的解釋應是：

在紫府坐命的命格中有『日月居旺』的格局的人，會有做公職高官的機會。

※紫府坐命有『日月居旺』格局的，必定是紫府坐命申宮的命格，也須劫空、羊、陀、火、鈴不在三合宮位或同宮之處。最好有權、科、祿在三合宮位之中，就是主富又主貴的好命格局了。

註⑪紫府、武曲在財帛宮、田宅宮，再有化權、化祿、祿存同宮的命格，一定是億萬富翁。

※無論是紫微、天府、武曲單星在財帛宮或田宅宮，亦或是紫府雙星同在財帛宮或田宅宮，都是主富的格局。倘若要有權、祿同宮，就一定是紫府坐命，有武曲化祿，或武曲化權在財帛宮的命格了。因為只有武曲能逢權、祿。化祿是不會落在紫微、天府等星之上的。

※小字解釋中『得左右、祿存亦同』，實不相同，有左輔、右弼同宮，只是得財順利容易。財之多寡和化祿、化權的力量是相差甚遠的。祿存要看同宮的星曜而定財之大小。和財星同宮是錦上添花，更增富。和不主財之星同宮，就只有衣食之祿的財了。

註⑫紫微和左輔、右弼同宮坐命的人，可做大官，有權威，管理許多的屬下。

※紫微和左輔、右弼同宮坐命時，有輔弼作用，能使眾人臣服，自己本身也具有合作、協調精神，可找出協議的方法，使別人信服，也可因為此種才能而登上高位，受人擁戴。

※小字解釋『或作三方為次吉，在財帛宮則為財賦之官』。指左右在財、官等宮，三合照守命宮中的紫微為次吉命格，以及紫微、左輔、右弼若同在財帛宮，會做財賦之官（財經機構或稅捐處之官員）。

註⑬『紫府擎羊在巨商』此句值得玩味，小字註解『得武曲居遷移宮者吉』。可見指的是貪狼坐命辰、戌宮的人，遷移宮是武曲居廟。而夫妻宮是紫府，但是紫府只會在寅、申出現，而擎羊不會在寅、申、巳、亥宮出現，因此碰不到在一起同宮，故此句又有問題了。

事實上，擎羊不論是和紫微同宮，或和天府同宮皆為不吉，不論是在財帛宮或官祿宮或任何一個宮位，皆無法成為巨商之人。

倘若紫微在子、午宮和擎羊同宮坐命，廉府在官祿宮。本來主貴的命格，可以公職主貴。因擎羊的關係，棄貴從商是可能的。但是否能成為巨商則不一定了。

註⑭『紫府夾命為貴格』一句，空宮坐命寅、申宮有同梁相照的命格，前後有紫破和天府相夾，可合此格。東北王張作霖的命格即是。此人是陀羅坐命申宮，有紫破、天府相夾的命格，為此證，為武貴。

註⑮紫微、祿存同宮坐命，有日月相照，是貴不可言的命格。

※在十二個命盤格式中，紫微坐命和太陽只會在四方之位照守。也就是紫微坐命的人，太陽星會在子女宮中，因此此句下之小字註解稱『紫微、祿存同宮，日月三合拱照』是不可能的，也是錯誤的。只有在四方宮位中照守是正確的。因此差不多十二個命盤格式都合此格了。

故此句正確的講法應該是紫微、祿存坐命午宮，有日月居旺照守，主貴。

註⑯『紫微、昌曲富貴可期』指的是紫微和文昌或文曲同宮坐命的人，有富貴。但是當文昌、文曲、紫微、破軍四星同宮時，為主貴但仍窮困的命格。因為昌曲逢破軍為主窮困、水厄的命格所致。

註⑰紫微、七殺同宮坐命，是『化殺為權』的命格，命格強勢、頑固，但主貴適合做武職主貴。做文職只是一般常人命格。

註⑱紫微、太陰和煞星相遇，會一生為小公務員中能幹出眾之人。

※紫微和太陰不會同宮，也無法在三合宮位相遇，只可能在四方宮位相遇。再加煞星，此句應是指紫破坐命，四方宮位中有太陰（太陰在田宅宮），會做公職中較低的職

位。紫相若加羊陀坐命宮，亦有日月在四方宮位（是在子女宮），亦可做低階公職。

註⑲紫破坐命沒有左輔、右弼，以及其他吉星同宮，會做凶惡的公務員之輩。

（此應泛指薪水階級）

※紫破坐命，若無左輔、右弼、昌曲同宮的人，一般是藍領工人階級之輩。有左右的人，較有成就，可入仕。有昌曲的人，外表斯文懦弱，為窮命，主貴不主富。

註⑳紫微、武曲、破軍和羊陀同或照會，是不法之徒，是一個欺騙公道、犯案舞弊、做禍為亂之人，不宜做公職。

※上述所談及的命格包括了紫微、紫貪、紫破、紫殺、紫相、紫府、武曲、武相、武府、武破、武殺、廉破、破軍、紫破等命加羊陀之命格。

註㉑紫微坐命有紫微化權或化祿，在命宮，有擎羊、陀羅同宮時，雖然本身算是吉命，但心術不正無道。

※例如紫微、貪狼化祿，或紫微、貪狼化權、或紫微化權坐命，或紫微化權、天相坐命，或紫微化權、貪狼坐命，或紫微化權、破軍坐命，或紫微、破軍化權或紫微、破軍化祿坐命等命格再加羊陀，皆為不吉，心術不正之人。

註㉒紫微、七殺坐命，又有空亡同宮者，為虛名虛利，受祖上蔭庇之人。

※紫殺與地劫、天空同宮亦是虛名虛利，終身無著之人。

註㉓紫微坐命、破軍坐命，分別坐於辰、戌、丑、未宮時，再有吉星同宮，會有富貴。

※紫微在辰、戌宮是紫相同宮，對宮有破軍相照。紫微在丑、未宮時是紫破同宮坐命。有吉星同宮，只可是祿存、左輔、右弼、魁鉞同宮。不可是文昌、文曲同宮或相照。否則定為窮命，無法富貴了。

註㉔『紫破辰戌，君臣不義』。小字註解為『安樂山、趙高之命是也』。

※紫微在辰、戌宮是紫相同宮，破軍在對宮相照。破軍在辰、戌宮，為紫相在對宮相照。此應指的是破軍坐命，有紫相在遷移宮的命格。

※安樂山，應為安祿山之誤。安祿山為唐朝反臣，趙高為秦時宦官，應皆為破軍坐命辰、戌宮之人。破軍坐命的人，有膽大妄為、反覆無常、不滿現實又衝動多疑的性格，所處的環境是太溫柔和又極具高位，仍有不滿足之心，故愛造反，因此有君臣不義之說。

註㉕紫破坐命，貪狼坐命都是極好淫亂之命格，無論男人、女人有此命皆有淫亂的行為。

※紫破坐命者，多有淫奔大行之行為，會做出與人私奔，或與人有不正常之性關係，不受禮教的約束。貪狼是大桃花星，異性緣很強烈，長相聰明靈活。而且貪狼星是貪星，為人較好貪，貪財、貪好運，也貪色，貪一切世上美好的事情。故貪心的命格也不受禮教約束。會有淫亂的行為。有劫空同宮或相照命宮時，會輔正，邪淫的

行為就沒有了，很端正了。

註㉖女子是紫微坐命和太陽坐命的人，會早結婚，而且可有賢德的夫婿，這是有憑據可信的。

※女命是紫微坐命，夫妻宮是七殺。一般看起來不算很好，但是夫婿是做武職（軍警業），或做辛苦勞碌的行業，夫妻感情會很好，這大概也是紫微可化殺為權的關係吧！而且紫微坐命者很正派，對選擇配偶有自己一套想法，他們多重事業，故會選擇努力在事業上打拚的配偶。

※女命是太陽坐命，夫妻宮都是天同星，會有溫和，懂世故的配偶，夫妻相處和樂。

註㉗女子為紫微坐命，在寅宮（紫府坐命）、午宮（單星居廟坐命）、申宮（紫府坐命）都是吉命、貴命，可旺盛夫家，有益子女的命格，女子坐命在子宮居平陷之位，則是平常人之命格。

女子紫微坐命在子宮（居平）、酉宮（紫貪同宮），以及巳宮、亥宮（皆是紫殺坐命），若再加羊、陀、火、鈴等四殺星，是美玉受到瑕疵，在夫妻關係上不算美滿。

※女子命格是紫府坐在寅、申宮的人，夫妻宮都是破軍，雖然本身是富命貴命，但婚姻不美，有多次婚姻關係，會養前夫和所生的小孩。其人雖然能旺夫益子，但配偶

的成就沒有她高。她經常會看錯人，以至後來成為自己的負擔。

※凡命格中有四殺（羊、陀、火、鈴）的人，皆性情多疑，有煩憂和刑剋，也會影響夫妻生活。

紫貪坐命酉宮，有擎羊同宮，夫妻宮必有陀羅星和天府星，表示配偶比較笨，而且財不順。配偶若是做軍警業，合於此人的命格，也能白頭到老。紫貪坐命有火、鈴同宮時，其人很怪異，性情無常、暴躁，其人會在夫、財、福中有另一個火、鈴。若另一個火星、鈴星在夫妻宮，表示也會找到一個性情急躁的配偶。倘若不在夫妻宮中，便是天府獨坐夫妻宮，便會有美滿的姻緣。

※紫殺坐命的人，夫妻宮是天相陷落，表示配偶是長得矮小、智慧不高的人，倘若合於此條件，也能平安無事而白頭到老。紫殺坐命，命宮中有陀羅的人，福德宮一定有擎羊，是一個勞心勞力，多想又不夠聰明的人，很奸詐，但常損人不利己。只要配偶聽話乖巧，倒也相安無事。有火、鈴在命宮的人，只是脾氣暴躁，但無大礙。

天府星

【原文】

天府　廟 子丑寅未　旺 午酉辰戌　地 卯巳申亥　無陷　註①

天府戌宮無殺湊甲己人腰金又且富　加四殺有疵。　註②

天府天相天梁同君臣慶會　註③

天府居午戌天相來朝甲人一品之貴　註④

府相朝垣千鍾食祿　命寅申，府相在財帛、官祿宮朝者，上格，別宮次之。　註⑤

天府祿存昌曲巨萬之資　註⑥

天府昌曲左右高第恩榮　註⑦

天府武曲居財宅更兼權祿富奢翁　有左右祿存亦美。　註⑧

【解析】

註①天府在子宮、丑宮、寅宮、未宮是居廟位的。在子宮是武府同宮，在丑宮是單星獨坐。在寅宮是紫府同宮。在未宮是獨坐居廟。

天府在午宮、酉宮、辰宮、戌宮是居旺位。在午宮是武府同宮，在酉宮是獨坐，在辰宮、戌宮是廉府同宮。

天府在卯宮、巳宮、申宮、亥宮是居得地之位。在卯宮是獨坐。在巳宮、亥宮也是獨坐。在申宮是紫府同宮。

天府星沒有居平，也沒有陷落。

註②天府在戌宮，也沒有殺星同宮、相照，或三合沖照的，生於甲年、己年的人，會富有多金。有四殺入命者命格有瑕疵。

※天府在戌宮，必是廉府同宮，沒有煞星照守，甲年生的人有廉貞化祿、天府在命宮，有祿存和武曲化科、天相在官祿宮三合守照，夫妻宮是破軍化權，亦會相照官祿宮。有雙祿在三合宮位中故主富。是事業上帶來之財富。

己年生的人，有祿存、紫微在財帛宮，又有武曲化祿、天相在官祿宮，福德宮有貪狼化權，此人比前命更富有，有億萬之資。

註③在命格中有天府、天相、天梁在三合宮位中，稱為『君臣慶會』的格局。

※原本『君臣慶會』格局指的是紫微、左輔、右弼同宮守命之格局於此不合。況且天府和天相是必定在三合宮位上，而天梁會在天相的臨宮，故無法在三合宮位上，也

不會同宮，故原文此句有問題。

註④天府在午宮、戌宮坐命，有天相在三合照守之處。甲年生的人有做一品大官的貴顯之位。

※天府在午宮是武府同宮坐命，雙星居旺，官祿宮是紫相，三合照守，甲年生的人，有祿存在寅宮和廉貞化祿同宮（為財帛宮）。夫妻宮有破軍化權，會相照官祿宮，因此主有大富貴。

※天府在戌宮坐命，為廉府坐命，生於甲年，有廉貞化祿在命宮，有祿存和武曲化科、天相在官祿宮，有破軍化權在夫妻宮，會相照官祿宮，故有大富貴。

註⑤天府、天相在三合宮位中的財帛宮，官祿宮照守紫微坐命的命格稱之『府相朝垣』，例如，紫府在寅、申宮的命格。

※紫府坐命寅、申宮，天府在垣位，廉貞、天相在官祿宮。此為上等命格。其他如廉貞坐命寅、申宮，有紫相在財帛宮、武府在官祿宮亦是。會有官爵祿位，富貴很大。

註⑥天府和祿存、文昌、文曲同宮坐命的人有巨大的財富，有億萬之資。

※天府若在申、酉、子宮等宮，逢祿存或文昌和文曲同宮，因天府居旺或廟位、文昌、文曲在這些宮位也是居廟位或旺位，祿存也是居廟位，故有大富貴。

註⑦天府和文昌、文曲、左輔、右弼同宮坐命的人，會考試高中而做大官有殊榮。

※天府在丑、未宮居廟時，最可能和文昌、文曲、左輔、右弼五星同宮的時候，這必須是天府坐命又生於四月或十月，又要生於卯時或酉時的人會遇到的命格。

註⑧天府、武曲在財帛宮和田宅宮時，再有化權、化祿，會是億萬富翁。有左輔、右弼、祿存也很好。

※有天府在財帛宮的人，是命宮中有天相星的人。有天府在田宅宮的人，有很多命格，例如天同坐命辰、戌宮的人，空宮坐命有陽巨相照的人，天機坐命子、午宮的人等等很繁多。但化權、化祿不會落在天府星上，而且天府星是旺弱有分，故不一定會為億萬富翁。

※武曲在財帛宮時，是紫府坐命的人。武曲在田宅宮時，是天梁坐命丑、未宮的人。生於庚年有武曲化權。生於己年有武曲化祿。而且這些人會有『武貪格』暴發運，故一定會成為億萬富翁。

※有左右、祿存和天府、武曲同在財帛宮或田宅宮者，其財富的層次有差別，會主富，但不一定會成為億萬富翁。

天相星

【原文】

天相　廟 子丑寅申　地 巳未亥　陷 卯酉　註①

天相廉貞擎羊多招刑杖難逃　終身不美，招橫禍只宜僧道。註②

天相之星女命纏，必當子貴及夫賢　女命己生子宮，甲生午宮，庚生辰宮，俱是貴格。註③

右弼天相福來臨　女命天相右弼諸宮吉，子宮癸生人，寅宮癸己生人，申宮甲庚癸生人，俱是貴格。丑未亥宮不貴，子午卯酉皆少福。註④

【解析】

註①天相在子宮、丑宮、寅宮、申宮居廟位。在子宮是廉相同宮。在丑宮為獨坐。在寅宮、申宮是武相同宮。

天相在巳宮、未宮、亥宮居得地合格之位。天相在巳、未、亥宮皆獨坐。

天相在卯宮、酉宮居陷位。為獨坐。

註②天相、廉貞、擎羊同宮為『刑囚夾印』之惡格，會招至官司、犯罪入獄遭刑罰的命運，很難逃過。這是一生都不順的命格，會招來橫禍，只適合做僧人、道士之命格。

※廉相羊是『刑囚夾印』的命格，對宮又有破軍相照，故一生災禍難逃，官非、血光不斷。做僧道與世無爭較安和。

註③女子命格為天相坐命，一定會有賢明的夫婿和貴顯的子女。女子己年生人坐命子宮（廉相坐命），生於甲年，坐命午宮（廉相坐命），生於庚年坐命辰宮（紫相坐命），這些都是貴格。

※天相坐命的女子，命宮一定要居廟、居旺（要在得地以上的旺位），不可居陷，才會有美滿之人生。

◎女命廉相坐命子宮，己年生的人有武曲化祿在官祿宮，有祿存在遷移宮，財帛宮是紫府。夫妻宮是貪狼化權。必有能幹的夫婿。子女宮是太陰旺，會有乖巧的子女，女兒更親。

◎女命廉相坐命午宮，甲年生的人，有廉貞化祿在命宮，有武曲化科在官祿宮。有紫府、祿存在財帛宮，有破軍化權在遷移宮。本身就是能幹強勢的人。夫妻宮為貪狼，子女宮為太陰陷落，夫妻運不算好，有性格怪僻的配偶。子女也較無能懦弱、無財。

◎女命天相在辰宮，必是紫相同宮，生於庚年，有武曲化權、天府在財帛宮，有祿存、廉貞在官祿宮，夫妻宮是貪狼居平，子女宮是太陽（居陷）化祿、太陰居廟。其人本身很有錢，又會理財，會晚婚，夫妻不同心，子女成就不高，女兒較親密、較好。

註④女命是天相、右弼同宮的人有福氣。小字解釋：女命有天相、右弼時在每一個宮位皆吉。在子宮（廉相、右弼坐命），是癸年生的人。和天相在寅宮（武相、右弼坐命）又是己年生的人。和在申宮（武相、右弼坐命）又是甲年、庚年、癸年生的人，都是貴格。天相、右弼坐命丑宮、未宮、亥宮的人不會貴顯。天相、右弼坐命子宮、午宮、卯宮、酉宮的人福少。

※女命天相、右弼坐命的人，是外表溫順，內心固執霸道的人，女命很會照顧丈夫、子女，但私心重，也容易有二次婚姻。

◎坐命子宮為廉相、右弼坐命，生於癸年，有祿存在命宮，有破軍化祿在遷移宮，有巨門化權在兄弟宮，有貪狼化忌在夫妻宮，有太陰化科在子女宮。夫妻運不佳，和配偶之間多是非、關係不好。

◎天相坐命寅宮為武相、右弼坐命，生於癸年，也有貪狼化忌在夫妻宮，夫妻運也不好，夫妻不和。生於己年，有貪狼化祿在夫妻宮，夫妻運稍好，但會晚婚。武相坐命的人，田宅宮在巳宮為天機居平，為家宅不寧，生於己年有祿存在午宮，故稍平順。

◎天相在申宮，亦是武相、右弼坐命的人，生於甲年，遷移宮有祿存和破軍化權相照，財帛宮有廉貞化祿、天府，本命有武曲化科。但夫妻宮是貪狼，子女宮是太陰陷落，田宅宮是天機居平，有家宅不寧的問題。

生於庚年，有武曲化權、天相、祿存、右弼在命宮，父母宮有太陽化祿、天梁，父母很好，但子女宮是太陰陷落，夫妻宮是貪狼居旺，仍有和配偶、子女不能溝通之憾事，家宅不寧。

生於癸年，有祿存在田宅宮，有破軍化祿在遷移宮，有太陰居陷化科在子女宮，有貪狼化忌在夫妻宮，家宅不寧。自己家中的財富也不算多。

※女命天相、右弼在丑宮（天相居廟），在未宮（天相居得地），在亥宮（天相居得地）。坐命丑宮、未宮者，夫妻宮是廉貪，官祿宮是空宮有廉貪相照，不貴，會做職位低之工作。坐命亥宮，夫妻宮是紫貪，官祿宮是空宮，工作能力不強。

※天相、右弼坐命卯、酉宮者為福星居陷，遷移宮是廉破，必生活在不佳的環境之中，會有離婚的父母，自己也婚姻有問題，夫妻宮是武貪，子女宮是同陰。必須一生操勞可維持生活。

天梁星

【原文】

天梁 廟（子寅辰午） 旺（丑未） 地（戌卯） 陷（申巳亥） 註①

天梁月曜女淫貧（梁巳亥，陰寅申主淫佚，不陷衣祿遂如，陷下賤。） 註②

天梁守照吉，相逢平生福壽（在午位極佳。） 註③

天梁居午位，官資清顯朝堂（丁己癸人合格） 註④

梁同機月寅申位，一生利業聰明（聲多不論。） 註⑤

梁同巳亥，男多浪蕩、女多淫（加刑忌殺湊，多下賤。） 註⑥

天梁太陽昌祿會，臚傳第一名 註⑦

天梁文昌居廟旺，位至臺綱 註⑧

梁武陰鈴，擬作棟梁之客 註⑨

梁宿太陰卻作飄蓬之客 梁居酉、月居巳是也。 註⑩

天梁天馬為人飄蕩風流 註⑪

天梁加吉坐遷移巨商高賈 加刑忌平常。 註⑫

【解析】

註①天梁在子宮、寅宮、辰宮、午宮為居廟位。在子宮是獨坐。在寅宮是同梁同宮。在辰宮是機梁同宮。在午宮為獨坐。

天梁在丑宮、未宮居旺。是獨坐。

天梁在申宮、巳宮、亥宮為居陷位。在申宮是同梁同宮，在巳、亥宮為獨坐居陷。

※這原文其中有錯，少了酉宮。而天梁在卯、酉宮都是陽梁同宮。在卯宮，太陽、天梁皆居廟位（而此處歸為得地之位）。天梁在酉宮才是居得地之位，太陽也居平位。

註②女子為天梁坐命、太陰坐命者，命宮在居陷的位置主淫邪貧賤。

※此指天梁在巳、亥宮為女命，和機陰在寅、申宮為女命的命格。因奔波勞碌、桃花多，財又少之故。

註③有天梁守在命宮或相照命宮皆是吉相，有福有壽。在午宮最佳。

※此指坐命午宮，有天梁在午宮坐命或是太陽坐命午宮有天梁相照的命格，都會有福氣，有蔭星（貴人星）庇佑，並且長壽。

註④天梁在午宮坐命的人，有貴顯的官位，在政府中可做有清譽的大官。丁年、己年、癸年生的人，為此命格中最佳者。

※天梁坐命午宮，丁年、己年生的人有祿存在午宮，己年生的人還有天梁化科在命宮。癸年生的人，有祿存在子宮相照命宮，命格極佳。

其實壬年生的人有天梁化祿在命宮，有擎羊、太陽在子宮相照，也是不錯的命格，李登輝總統就是此命格的人。

註⑤天梁、天同、天機、太陰，在寅、申宮坐命的人，一生都是非常聰明，有利於工作的，但其聲名好壞是不能講了。

※其實這四種命格的人，就是『機月同梁』格的四種命格。嚴格說起來在寅、申宮出現，就只有同梁坐命和機陰坐命二種命格了。但因所處宮位的不同，也會有命格高低和財祿多寡的問題。但他們都是薪水階級層次的人，都非常聰明，但只適合為人服務，不適合做生意和自己開業，否則必有敗局，這就是『機月同梁』格的特性。

註⑥天梁、天同在巳、亥宮相照會的命格，是男子則多浪跡天涯、愛飄泊。是女子則好淫、多桃花。有陀羅、火、鈴、化忌等星同宮或相照，則主下賤。

※此指天梁坐命巳、亥宮的男子和女子，因有福星天同相照，外界環境是一片平和，沒有奮發的原動力，又喜歡東飄西蕩，愛玩的性格。其財帛宮是日月，官祿宮是空宮，故無法長時期的工作。天同坐命巳、亥宮的人，是福星居廟坐命，愛享福較懶，其財帛宮是空宮，官祿宮是機巨。命、財、官，有化權、化祿，或是祿存在命、財、官的人，較能奮發，有煞星在命、財、官的人勞碌更甚，為無用之人。

註⑦天梁、太陽、文昌、祿星相會，是可參加國家考試，考中第一名的人。

※天梁、太陽、文昌、祿存或化祿星，是『陽梁昌祿』格的主要架構。凡有此格局的人，均有高等知識、學歷高、成績好，有考試運，也可參加國家高等考試進入仕途，有高官之職。此是主貴的格局。有此格者，命格也會高，將來的生活水準也會高。

註⑧天梁、文昌居廟旺之位坐命者，可做高官，位至政府高級首長之職。

※天梁、文昌皆居廟旺之位，只有在子宮的時候了。也就是說天梁、文昌坐命子宮的人，剛好就具有『陽梁昌祿』格，因太陽在對宮，再有祿星化祿或祿存（丁、己、庚、壬年生人），是會做到政府高級首長之職的。

註⑨天梁坐命、武曲坐命、太陰坐命、鈴星坐命，這四種命格的人在性格和人生歷程上都不一樣，但對國家有利。天梁坐命的人，可為軍師，為國家政策做謀劃。武曲坐命的人，可為政治統帥或掌財經大權的人。太陰坐命的人可為文官之首。鈴星坐命的人可衛國保家為武職大將軍。皆可做國家棟樑人材。

註⑩命宮、身宮有天梁、太陰不在旺位者，為一生飄蕩，生活無著之人。

※例如陽梁坐命酉宮，身宮落財帛宮為太陰陷落的人，即是。又如同梁坐命申宮、天梁居陷，身宮落財帛宮為太陰陷落的人。

註⑪天梁、天馬同在命宮，是為人飄泊一生不安定，又具風流性格的人。

※此命格中又以天梁在巳、亥宮和天馬同宮為最甚。天馬只會在寅、申、巳、亥宮出現，因此同梁加天馬坐命的人亦是。

註⑫天梁加吉星在遷移宮為富有之商人。若加刑星擎羊、陀羅、火星、鈴星為平常人之命格。

※天梁為主貴之星，要成為富有的商人情況較少，必須有化祿和祿存之雙祿格局，再加上有『陽梁昌祿』格，並且財帛宮、福德宮皆要好的人，才有可能成為巨商高賈。並且天梁在遷移宮時，其命宮為有太陽、天機陷落、天同居廟，其他都是空宮的型式，必須命、財、官三合方位全部居旺，又有祿星存在，實屬不易。

天同星

【原文】

天同　廟（卯巳亥）　旺（子申）　陷（丑未酉午）　註①

天同會吉壽元辰　註②

同月陷宮加殺重技藝羸黃　註③

天同貪羊陀居午位，丙戊鎮禦邊疆（為馬頭帶箭富且貴。）　註④

天同戌宮化忌丁人命遇反為佳　註⑤

女命天同必是賢

子生人命坐寅，辛人命卯，丁人命戌入格。
丙辛人命中吉，巳亥逢此化吉，雖美必淫。 註⑥

【解析】

註①天同星在巳宮、亥宮居廟位。是獨坐。

天同在子宮、申宮居旺位。在子宮是同陰同宮。在申宮是同梁同宮。

天同在卯、酉宮居平，為獨坐。

天同在丑、未、午宮為居陷位。在丑宮、未宮為同巨同宮，在午宮為同陰同宮。

（原文有錯，故已改正之。）

註②天同和吉星同坐命宮者，為長壽之人。

※必指天同在巳、亥宮坐命居廟再加吉星（如化祿、祿存、昌曲、左右）的命格為長壽之人。

註③天同、太陰居陷坐命（指在午宮坐命），再加煞星多的，是具有手藝（專業技術之人）的人，同時也會身材瘦弱羸黃、矮小。

※同陰坐命午宮的人，若有羊、陀、火、鈴在命宮，本身無財，有煞星刑剋更重，故

形態猥瑣，靠手藝維生。（此指理髮、工匠、算命等營生）

註④命宮在午宮，有天同坐命、貪狼坐命，再加羊陀者，生於丙年、戊年的人可為鎮守邊疆的大將軍，是『馬頭帶箭』格，又既富且貴的人生。

※『馬頭帶箭』格只是指擎羊坐命午宮，有同陰在子宮相照午宮的命格，如此才會有富貴。如果是同陰在午宮即不是，故此中有錯。

※在午宮只會有擎羊居陷入宮，陀羅星不會在子、午、卯、酉宮出現，故又是一錯。

※丙年生有天同化祿和擎羊在午宮。戊年生有擎羊在午宮，有貪狼化祿。

因此擎羊在午宮坐命，對宮有天同化祿、太陰相照（雙星皆居廟旺之位）的命格較富貴。而貪狼化祿、擎羊同在午宮坐命，多少還是有刑財的情形，只是為人凶猛而已。

註⑤天同化忌在戌宮坐命，丁年生的人，遇此命反為佳命。

※天同是福星不會化忌，庚年生的人是太陰化忌、天同化科。

況且既有天同化忌，應是庚年所生的人，為何又稱丁年生的人，有巨門化忌在對宮相照時，反為佳命？

因此此句正確的意思應該是：天同是五行為金水之星，在戌宮屬火之宮位，是病纏弱地了。若生於丁年，有巨門化忌在對宮相照。巨門和化忌星又都是屬水之星，辰宮也是帶水之宮位，反倒能解救天同在戌宮的煎熬。不過這仍然是有病的命格，是非、爭戰、災禍不斷。只是苟延殘喘而已。

註⑥女子為天同坐命者，必是賢慧溫和之人。子年生的人命宮在寅宮（同梁坐命）。辛年生的人，命宮在卯宮（天同居平坐命）。丁年生的人，命宮在戌宮（天同居平坐命）是較好的命格。丙年、辛年生的人，命格是中等吉利的命格。命宮在巳宮、亥宮的人，生於丙、辛年可主吉，雖是好命仍會帶有邪淫色彩。

※女命為天同坐命，多半是溫和，與世無爭，懦弱的性格，這在古代『女子無才便是德』的狀況下，算是賢慧的命格。子年生的人，祿存在寅宮，又坐命寅宮，為同梁加祿存坐命的人，有財祿。辛年生的人，有祿存在酉宮，命宮在卯宮，會有祿存相照命宮。丁年生的人有祿存在午宮，命宮在戌宮，故祿存在財帛宮。因上述命格中含有祿存在『命、財、官』之中，而為佳命。

※命宮在巳宮、亥宮的天同居廟坐命者，生於丙年，有祿存在巳宮，會相照命宮。生於辛年有祿存在酉宮，是在夫妻宮，女命有人來養她，都算是好命的命格。但天同坐命巳、亥宮的女人，桃花多、人緣好、溫和、人見人愛，故在古代以為邪淫而命格不美。

天機星

【原文】

天機　廟（子午辰戌）　旺（卯酉）　陷（丑未）　註①

機梁會合善談兵，居戌亦為美論（孟子遷移，戌宮有機梁。）註②

機梁守命加吉曜富貴慈祥（加刑忌，僧道。）註③

機梁同照命身空，偏宜僧道（機同單守，命身又逢空亡。）註④

機梁七殺破軍沖，羽客僧流命所逢（若兼帝座，加太陽吉。）註⑤

機月同梁作吏人（命在寅申方論，加吉亦不論。無吉無殺亦是平常人，命四殺空劫化忌宿為下格。）註⑥

機梁貪月同機會，暮夜經商無眠睡 遇凶星奔波。 註⑦

天機加惡殺同宮狗偷鼠竊 註⑧

天機巳宮酉逢好飲離宗奸狡重 註⑨

巨陷天機為破格 女命在寅申卯酉，雖富貴不免淫慾下賤。寅申守照，福不全美。 註⑩

【解析】

註①天機星在子宮、午宮、辰宮、戌宮為居廟位。在子宮、午宮為獨坐。在辰宮、戌宮為機梁同宮。

天機在卯宮、酉宮為居旺位，為機巨同宮。

天機在巳宮、亥宮為居平，為獨坐。（原文此處少了補上）

天機在丑宮、未宮為居陷位，為獨坐。

註②命宮中有天機、天梁會合同宮，是喜歡言談具有謀略，善談兵法之人。

命宮在戌宮亦是較美的格局。孟子的命格中因遷移宮有機梁，而愛談治國之道。

※命宮為機梁，或有機梁相照的人，都會有喜歡說話、愛發表意見、喜歡為別人出主意的興趣，但是言談及主意的內容及想法，並不一定合於當事人之用。而且此類命格者，多機巧、善辯、不負責任，因此多流於狗頭軍師之流。只有具有『陽梁昌祿』格的有智慧、知識、學問的人，及文昌、文曲在辰、戌相照的人，是較好之命格。

註③機梁坐命再加吉星同宮的人，是具有慈善祥和的面貌與胸懷，且能保有富貴的人。若加羊、陀、火、鈴、化忌、劫、空等刑忌之星，為僧道之人。

※機梁坐命，要加吉星，即是有文昌、文曲、左輔、右弼、天魁、天鉞、化權、化祿、化科等星了。祿存不會在辰、戌宮出現，故沒有祿存。機梁本是溫和、聰明、善良之星，加上述之吉星與科、權、祿，也只是錦上添花而已。但有煞星同宮時，會陰險狡詐，得財不易，凡事易成空，故易為出家人。

註④天機、天梁一同相照命宮，身宮又有天空、地劫、空亡等星的人，是會做僧道之人的人。機梁同宮或天機、天梁分別單星在命宮中相對照的命格都是一樣的，只要命宮、身宮有空亡、劫空即是。

※『機梁同照命』指的是空宮坐命，有機梁相照的人。另外就是天機坐命丑、未宮，有天梁在對宮相照，或是有天梁坐命丑、未宮，對宮有天機陷落相照的命格，只要身宮有天空、地劫、即落空亡，是特別容易傾向佛道，做僧人、道士的人。因為他們會有宗教信仰，對宗教狂熱，稍有不順，遁入空門是極平常的事。

註⑤機梁坐命若有七殺、破軍沖照，會做算命、僧道之流的人，這是命格使然的現象。有紫微和太陽會吉利。

※此句話談的是機梁坐命者行大運的情形。若是陽男陰女，順時針方向行運，人生就會走機梁運、紫殺運，接著三個空宮運，再下來老年五十五歲至六十五歲左右走廉破運，幾乎一生的運程上在青少年時較好一點，其他的運程都非常差，因此為貧困無用之人。會做算命之僧道之人，離世孤獨。在此人的命程中，青少年走紫殺運，為忙碌打拚稍好一點的運程，在四十五歲至五十五歲的運程走空宮，有陽巨相照的運程，若太陽、巨門在寅宮居旺的話仍是稍好的運程。但下一個運程在五十五歲至六十五歲時便會走廉破運，又是極壞的運程了。

註⑥『機月同梁』格是做公務員、薪水階級的命格。此命格以命宮在寅、申宮為主要。有吉星同宮的，就會主貴，不算差。沒有吉星、或有煞星同宮的命格，亦做平常人之命格，命宮中有四殺（羊、陀、火、鈴），空劫、化忌星的命格為下等命格。

※其實『機月同梁』格，在十二個命盤格式中皆為主要命盤架構。也就是十二個命盤格式皆有『機月同梁』格，此處所談之『吏人』，是指公務員、小官吏。因此能做小官吏的人以命坐寅、申宮之機陰坐命和同梁坐命的人，三合宮位『命、財、官』，剛好都有機、月、同、梁四顆星為最完善，並且此三合宮位中要沒有煞星，最好有昌曲、左右入宮為最佳格局。

註⑦機梁坐命，有貪狼、太陰、天同、天機在四方三合相會，是日夜經商做生意，睡眠少的人，表示奔波勞碌。遇凶星同宮或相照，更奔波。

※機梁坐命者，本身不主財，但又喜歡做生意，這是因為機梁坐命者很多人，都是身宮落在財帛宮的關係。倘若機梁坐命辰宮，財帛宮為同陰居廟旺者還好，尚可賺到錢。機梁坐命戌宮的人，則更無法經商了。財少之故。

機梁坐命者，有武貪在子女宮是四方之位，又是『武貪格』暴發運格，更激發他們愛賭一賭，愛投資做生意的決心。而命、財二宮即形成『機月同梁』格。官祿宮是空宮。故喜歡做生意，但為人喜投機取巧，喜歡搶一窩蜂的生意做。一生勞碌奔波少睡眠。若有凶星在『命、財、官』之中，得財更不易，勞碌更甚。

註⑧天機加惡星、煞星同宮坐命的人是偷盜的小人之輩。

※天機陷落在丑、未宮，或機巨、機梁、機陰坐命加羊、陀、火、鈴同坐命宮的人，都容易不行正道，會做宵小盜竊之事。

註⑨天機坐命巳宮、酉宮的命格是喜飲酒之人，且為離開原先的祖家，做人養子，或外出飄泊之人。且是性情奸滑、狡黠的人。

※天機坐命巳宮為居平。有小聰明，善於察言觀色，父母宮是紫微居廟，要看父母本命的壽元而定此人是否會離宗。倘若父母早亡，此人再遇到之父母長輩也會是慈愛之人。但此人命坐四馬宮，『命、財、官』又都不佳，易於飄泊是一定的了。

※機巨坐命酉宮的人是『破蕩格』，須白手起家，定會離家發展。機巨坐命的人，本身的聰明度極高，又多是非、好爭鬥、奸狡成性。財帛宮是天同居廟，官祿宮是空宮。有『陽梁昌祿』格的人，成就會高一點。否則只為一般常人命格。

註⑩命宮為天機坐命，命格中有巨門陷落的命格為破格。下面小字解釋：女子命宮在寅、申宮，卯、酉宮，雖有富貴，但會有淫慾下賤之行為。若在寅、申照守，是福份不全好。

※此句『巨陷天機為破格』正確的說法，應是機陰坐命在寅、申宮的人，因命格中有巨門陷落在福德宮，故為破格不佳的命格。

下面小字的解釋模糊不清。指女命在寅、申、卯、酉宮，遇巨門陷落和天機星，雖富貴而不免淫賤。巨門陷落只會在辰、戌宮。巨門在寅、申宮是陽巨同宮，巨門都是居廟位的。天機和巨門在卯、酉宮，也是居旺位和廟位的。在『寅、申守照』一句，又包含了空宮坐命有陽巨或機陰相照的命格，意義不清，故不足以解釋。

太陽星

【原文】

太陽　廟（卯午）　旺（寅辰巳）　陷（戌亥子丑）　註①

日照雷門子辰卯地晝生富貴聲揚　註②

太陽居午庚辛丁己人富貴雙全　註③

太陽文昌在官祿皇殿朝班（文曲同亦然。）　註④

太陽化忌是非日有目還傷　註⑤

日落未申在命位為人先勤後懶　註⑥

女命端正太陽星早配賢夫信可憑

太陽守命陷，平宮。居卯辰巳午，無殺，旺夫益子。註⑦

【解析】

註①太陽在寅宮、卯宮居廟。在寅宮是陽巨同宮，在卯宮是陽梁同宮。（此原文處有錯，把午宮列為廟，把寅宮列為旺了）

太陽在辰宮、巳宮、午宮為居旺。在辰宮、巳宮、午宮皆為獨坐。

太陽在未宮、申宮居得地之位。在未宮為日月同宮，在申宮為陽巨同宮。

太陽在酉宮居平，為陽梁同宮。（此處漏掉在申、酉宮之旺度）

太陽在戌宮、亥宮、子宮、丑宮為居陷位。在戌宮、亥宮、子宮為獨坐。在丑宮為日月同宮。

註②『日照雷門』的格局，須坐命子宮、辰宮、卯宮，且是白天出生的人有富貴、名譽。

※既是『日照雷門』格，坐命子宮，太陽居陷就不是此格，故原文此處有錯。『日照雷門』格是主貴的格局，主要是指命坐卯宮，為『陽梁居廟坐命』的人。坐命辰宮也不是此格，此處有錯。

註③太陽坐命午宮的命格，生於庚年、辛年、丁年、己年的人，是有富有貴，雙雙都有的人。

※太陽坐命午宮，生於庚年，有太陽化祿在命宮，有祿存在福德宮。生於辛年有太陽化權在命宮，有祿存在田宅宮。生於丁年有祿存在命宮，有太陰化祿在福德宮。生於己年，有祿存在命宮。太陽主官貴，有財、有祿，故富貴雙全。

註④命格中有太陽、文昌在官祿宮的人，是會在政治高層機構擔當商討國家大事的人（意味做大官），有文曲星亦同。

※官祿宮必須是太陽居廟、居旺，文昌居廟、居旺才可能有此際遇。例如像巨門坐命子宮，天梁坐命丑宮的人，再有文昌在官祿宮中即可做政府高級公務員。官祿宮在午宮有文昌者，因文昌在寅、午、戌宮陷落，就不是此格。

※官祿宮有太陽、文曲同宮，實與真正的才智有差別，為異途顯達，較難走向正式官途。

註⑤有太陽化忌在命宮的人，會與家中和外面所有的男子不和，失去競爭力，事業不佳，人生運差。常有是非災禍，並有眼目之疾或頭腦病變、高血壓、腦中風等病，要小心。

註⑥太陽坐命在未宮、申宮，是偏垣和日落西山的命格。此種命格的人會年輕時很勤快，中年以後較疏懶，沒有奮發力了。

※太陽在未宮是日月同宮，為太陽居得地之位，太陰居陷。此命財少，但勞碌。中年以後，漸趨懶散無奮發力，運程更差。

太陽在申宮是陽巨同宮，為太陽居得地之位，巨門居廟，為喜爭鬥是非之人。但中年以後懶惰，運程也會較差。

註⑦女命是太陽居旺坐命的人，是行為端正的人，可早結婚，會有賢能之夫婿。太陽坐命的女子，坐命在卯宮、辰宮、巳宮、午宮，居旺，又無煞星同宮的人，可使夫婿興旺，有幫夫運，也能教益子輩。

※太陽坐命者，夫妻宮都有一顆天同星。太陽居旺的女命，是行為端正、博愛，有慈善之心的人，故都有美滿的婚姻。但陽梁坐命卯宮，夫妻宮是同巨，配偶為好吃懶做、多是非之人，但陽梁坐命的女子會照顧他，亦可白頭到老，只是辛勞一點。

太陰星

【原文】

太陰　廟亥子丑　旺酉戌　陷午寅辰巳卯。　註①

太陰居子丙丁富貴忠良　夜生人合局。　註②

太陰同文曲於妻宮蟾宮折桂　文昌同亦然，在身命巧藝之人。　註③

太陰武曲祿存同左右相逢富貴翁　註④

太陰羊陀必主人離財散　註⑤

月朗天門於亥地登雲職掌大權　子生人、夜時生、合局，不貴則大富。　註⑥

月曜天梁女淫貪　太陰寅申巳多主淫貪或偏房侍婢。若貪狼文曲文昌同於夫宮，必招賢明之夫。　註⑦

【解析】

註①太陰在亥宮、子宮、丑宮為居旺。在亥宮，為獨坐。在子宮為同陰同宮。在丑宮為日月同宮。

太陰在寅宮、酉宮、戌宮為居旺。在寅宮是機陰同宮。在酉宮、戌宮為獨坐。

太陰在午宮、申宮居平，在午宮為同陰同宮。在申宮為機陰同宮。

太陰在卯宮、辰宮、巳宮、未宮為居陷位。太陰在卯、辰、巳宮為獨坐。

在未宮為日月同宮。

（原文有錯，有遺漏申宮，註中已改正。）

註②太陰坐命子宮的命格，生於丙年、丁年的人是富貴忠良的人。

※太陰在子宮坐命，必是同陰坐命子宮，雙星居廟旺之位。生於丙年，有天同化祿在命宮，有天機化權、天梁在官祿宮，事業運好。有富貴財祿。生於丁年，有太陰化祿、天同化權在命宮，有祿存在遷移宮，有天機化科、天梁在官祿宮，會有溫和、正派能盡忠職守的品行，富貴皆高的人生。

註③有太陰居旺和文曲同宮於夫妻宮的人，為『蟾宮折桂』的格局，可攀附富貴。亦可有考試成績優良而為官的機運。有太陰、文昌同宮在夫妻宮的也是。若同宮在命宮、身宮為具有特殊精巧技藝之人。

※此命格以太陰、文曲皆居旺為佳。即在酉宮或亥宮為佳。由以在亥宮最好。在亥宮者，必有『陽梁昌祿』格，可經由考試入仕，再有妻助、平步青雲，富貴皆高。

（台北市長馬英九即為太陰、文曲坐命亥宮者，具有『陽梁昌祿』格，而有博士學位，升官亦快。）

註④命格中有太陰居旺坐命、武曲居廟坐命，再有祿存及左輔、右弼同宮者，

主富貴皆大。

※太陰是財星，居旺時財多，尤其房地產多。主陰富（暗富之意）。武曲是正財星。祿存是祿星。財星加祿星加輔星同宮，是財上加財，更加輔助，有超出一般人十倍以上的富有，故為富翁級人物。

※祿存會依同宮星曜是否主財，和依同宮星曜的旺弱，而有財祿之大小。例如祿存和財星同宮的財富，及和天機、太陽等不主財的財富差異很大。前者是富翁級的富有，後者是一般生活的富裕。祿存也依同宮財星的旺弱而定出富貴大小。例如祿存和武曲居廟同宮，或是和武破、武殺同宮，二者即有天差地別。前者是億萬富翁之格局，後者是衣食之祿有溫飽之格局，差別甚大。

※左輔、右弼兩顆輔星，也和祿存星一樣，是以主星的旺弱能力以及主星的星性所作出的輔助力量。例如主星是財星，左右二星就輔助生財。主星是官星，左右二星就輔助有升官運。主星是煞星、耗星，左右二星助善也助惡，便輔助主星，助惡和增加耗損，逐一不同。左、右二星也以主星之旺弱做出輔助力量的等級，主星是吉星居旺時，輔助趨吉的力量大。主星是煞星陷落時，輔助向惡的力量大，也就是招災的力量大。

註⑤命宮中有太陰和擎羊同宮，或太陰和陀羅同宮的人，主其人會家破、家

人離散、錢財耗敗。

※有太陰、擎羊或太陰、陀羅在命宮的人，流年三重逢合會自殺，自然造成與家人離開的問題。在平常沒有三重逢合的流年、流月、流日中，也會因羊陀刑財的緣故，使錢財耗損，或進不了財而煩惱。（太陰無論旺弱和刑星同宮皆有刑剋）

註⑥命格有『月朗天門』在寅宮的格局的人，是會登上高職，掌政治大權的人。（子年生命坐亥宮之人，必須夜晚出生的人，才是此格局，是不貴即大富之人。）

※『月朗天門』的格局，即是太陰坐命亥宮的格局稱之。太陰坐命者必須生於夜晚主貴。太陰屬水，故生於子年，子月較好。太陰坐命亥宮的人之財帛宮是空宮，官祿宮是陽梁，故可主貴，主做高官。壬子年生的人，有祿存在亥宮，更富貴兼具。

註⑦太陰坐命的女子和天梁坐命的女子，主好淫貪赧。（下面小字解釋有問題）

※太陰坐命的女子多半長得美麗溫柔，而且多情，常以愛情為重。而且有較多的人會身宮落在夫妻宮，一生以戀愛為職志，歷史上許多偉大的愛情故事都是差不多是此種類型命格的人所寫下的。這在古代保守封建的社會中是不允許的，因此以此種命格的人為好淫貪。（喜歡有私通的戀情之意。）今人是開放自由的社會，崇尚自由戀愛結婚，若再以此種觀念來看待這些命格，就未免有失公允了。

※天梁坐命的女子是指天梁居陷坐命巳、亥宮的女子。此處所指太陰坐命的女子也是指命坐寅、申、巳、亥的女子，因為命坐四馬宮，生性活潑好動，一生也喜歡玩耍飄蕩，桃花緣、異性緣都重，故古代以為是淫貪的命格。今人論命，除非命格中有煞星多，再有天姚、咸池、臨官等會形成桃花劫煞的星曜，才為淫貪的命格。

太陽太陰同宮或拱照

【原文】

太陽太陰拱照

日巳月酉丑宮　命步蟾宮　註①

日卯月亥安命未宮多折桂　註②

日月同未命安丑侯伯之材　註③

日月命身居丑未，三方無吉反為凶（子午辰戌身命更佳）　註④

日月守命不如照合並明　註⑤

守命吉多主吉，凶多凶。若吉少，亦不為美之論。

日辰月戌並爭耀，權祿非淺　註⑥

日月夾命夾財加吉曜不富則貴　註⑦

加羊陀沖守宜僧。

日月最嫌反背　註⑧

如日月同宮，看人之生時。日喜太陽，夜宜太陰。若反背日、戌、月、辰，日亥月巳、日子月午。若出外離宗成家也吉。勿概以反背論。

陰陽左右合為佳　註⑨

日月羊陀多剋親　註⑩

日月陷宮逢惡殺勞碌奔波　註⑪

日月更須貪殺會男多奸盜女多淫　註⑫

日月疾厄命宮空腰駝目瞽　註⑬

如日月在疾厄宮逢空亡，必主腰駝目瞽，命宮亦然。

【解析】

註①太陽在巳宮，太陰在酉宮或丑宮，是『命步蟾宮』的格局。

※太陽在巳宮時，太陰必定在酉宮，不會在丑宮出現。這是『紫微在申』合盤格式中的命理格局。太陽坐命巳宮時，官祿宮為太陰在酉宮居旺，是做公職具有官位、祿福的命格，可按步就班、步步高升，故稱『命步蟾宮』。蟾宮是月宮的意思。

註②坐命未宮時，有太陽在卯宮（是陽梁同宮），有太陰在亥宮居廟的人，會有考試高中第一名做榜首，亦可做大官的命格。此種命格最好的就是有文昌、文曲同坐未宮，有同巨、左輔、右弼相照的命格，是『明珠出海格』。不但能高中榜首，且是古代為皇家招為駙馬的人之命格，一生富貴同高。但以陰男陽女逆時針方向行運最佳。陽男則運程較差。其他有祿存或左右同宮，或有擎羊、陀羅等在命宮的人，雖也可能有『陽梁昌祿』格，但命格不成格局，依次稍差一點。

註③命宮在丑宮為空宮，有日月同在未宮相照命宮的人為做侯伯等高官位之人材。

※命宮中必須有文昌、文曲、祿存、左輔、右弼等吉星才行。有羊陀、火、鈴、劫空等不佳。此命格比前述『明珠出海格』相差甚遠。

註④太陽、太陰同宮在命宮、身宮，又居於丑、未宮的命格，三合方位中沒有吉星，反而為不算很吉的命格。（日月在子、午宮，辰、戌宮相遇更好）

※日月同宮坐命在丑、未宮時，財帛宮為空宮，官祿宮為天梁陷落。故在財運和事業上都很弱。命、財、官即是三合宮位，若再沒有昌曲、祿存、左右等進入，其實一生都財不多，也不會有事業。一生起起伏伏、混沌頭腦不清的過日子。當然是不吉了。

※日月在子、午宮不會相照，也不會同宮，故小字解釋中有錯。日月在辰宮和戌宮會相照，以太陽在辰宮、太陰在戌宮，日月皆旺為佳，這是『紫微在未』命盤格式。若是『紫微在丑』命盤格中，日月反背，則不佳。

註⑤日月在命宮，是比不上互相對照，或在三合宮位中相照守，並且要日月皆旺的格局才最好。（日月坐命要有多個吉星來同宮或相照是較吉的。有凶星同宮或相照的多的，便是凶命。若吉星少，或沒有吉星同宮、相照的，命格也不好。）

※前面解析過，日月坐命的人，財官二位皆不好。遷移宮又是空宮，因此財、遷二宮要有吉星入宮，或再有吉星在命宮裡出現為吉。有凶星出現都不好了。日月在辰、戌宮相照是比日月同坐命宮要好。日月皆旺的命格也最好。日月同宮坐命的命格，同在丑、未宮時雙星必有一個陷落、一個居旺，因此不佳。有『日月反背』格局就更差了。

註⑥太陽在辰宮、太陰在戌宮相互耀映，是權位、財祿不小的人。

※命宮是太陽或命宮是太陰坐命，只要在辰、戌宮，雙星居旺，就是『日月共明』的格局，適合做公職入仕途。太陽是官星主權位。太陰是財星主財祿。日月共明時，財祿富貴皆大。

註⑦有日月相夾命宮，或相夾財帛宮，再有吉曜同宮時，不是很富有就一定主貴。（加羊陀沖照命宮時，會做出家人）

※武貪坐命丑宮的命格有日月相夾，有武貪在丑宮為財帛宮者亦是。此為日月皆旺相夾。再有祿存同宮，富貴很大，有火、鈴有雙重暴發運。有羊陀沖照會從軍職，不一定會做僧人。天府在丑宮坐命亦有日月相夾，但太陽居陷、太陰居旺（機陰同宮），較不佳。有祿存同宮，主大富。有昌、曲、左、右則不一定，有羊陀沖照，為人奸滑狡詐，財不多，亦不見得會做僧人。

註⑧在人的命理格局中或稱在命盤格式裡，最怕看到的就是太陽星和太陰星皆是居陷的，黑暗不明的狀況了。（假如是日月同宮坐命的人，要看其人出生之時辰，命宮中太陽旺的喜白天出生的人，命宮中太陰旺的人，喜夜晚出生的人。倘若日月反背，太陽在戌宮、太陰在辰宮，或者是太陽在亥宮、太陰在巳宮，或者是太陽在子宮，或是太陰在午宮等坐命的人，倘若可以離家外出工作或打拚，易或是過繼給別人做養子，亦或是離開原先的家，另外組家庭，與父母分開來住，也都會是較吉利的。不會剋父與剋母了。太陽在子宮，太陰會和天機在丑宮，太陰是居旺的。這是『紫微在卯』的命盤格式。

太陰在午宮是和天同同宮，太陰居平陷之位。太陽和巨門同宮，此時太陰居得地之位。這是『紫微在亥』命盤格式中的命格。此二命格，和日月同宮的命格一樣，是有一星明、一星暗，故不能稱為『日月反背』的格局。

註⑨太陰、太陽、左輔、右弼以在三合宮位中合照為較好的命格。

※在『紫微在申』命盤格式中就有太陰、太陽、天梁在三合宮位相照守的情形。若在三合宮位中再有左輔、右弼，即是命、財、官中皆有日月、左右相照守了，主有大

富貴。

註⑩命宮中有太陽或太陰星，再加羊、陀坐命的人，多半會剋父母、親人。

※太陽加擎羊坐命，或太陽加陀羅坐命，會剋父或男性直系親屬，也與外界男性人際關係不佳。且會自己傷目，有頭風、頭痛之症。流年不佳會自殺。太陽和羊陀居陷時更凶。

太陰加擎羊坐命，或太陰加陀羅坐命，會剋母，及剋家中女性直系親屬，包括祖母或自己的女兒，也與外界女性不和，會自己傷身、身體不佳。流年不利也會自殺。太陰和羊陀居陷時，災禍更凶。

註⑪太陽、太陰居陷時，再逢煞星同宮的命格主勞碌奔波。

※太陽居陷坐命和太陰居陷坐命，再加羊、陀、火、鈴、劫空、化忌在命宮的人，一生是勞碌奔波，沒有結果，生活無著的人。錢財不順，窮困，多災，身體不佳。

註⑫太陽坐命、太陰坐命時，必須有貪狼及煞星相照會者，男子會做奸人匪盜，女子會淫賤。

※命宮中有太陽或太陰的人，有殺、破、狼出現時，必在父、子、僕的三合宮位之中，因此貪狼不會和命宮中有太陽、太陰的人，在三合照守之位。也不會在同宮或相照的位置。最多在四方之位相見。故原文此句有問題。不過倘若父、子、僕等宮位不佳，表示家世不好，是家世原本低劣的人，再加上本身命、財、官中有煞星，亦會

做匪盜、淫賤之人。

註⑬若有太陽、太陰在疾厄宮，或是命宮中逢空劫的人，會是彎腰駝背，或有羅鍋、眼目瞎的人。

※有日月同宮在疾厄宮的人是七殺坐命子、午宮的人，倘若命宮中有天空、地劫，就會有殘疾之身。有眼瞎，或身體殘障，背部隆起為羅鍋或腰部彎曲為駝子之人。

文昌星

【原文】

文昌　廟 丑巳酉　地 申子辰　失陷 寅午戌　註①

文昌武曲為人多學多能 四墓卯酉巳亥身命論三方科權祿。 註②

文科拱照賈誼年少登科 論三方。 註③

左輔文昌位至三台 註④

文昌武曲於身命文武兼備　　註⑤

孫臏之命是也。

【解析】

註①文昌星在巳宮、酉宮、丑宮居廟位。在申宮、子宮、辰宮居得地之位。在卯宮、亥宮、未宮居平位（原文有遺漏）。在寅宮、午宮、戌宮居陷位。

註②命宮中有文昌和武曲居廟同宮坐命的人，是愛學習，有大才能，文武全才之人。（命宮為在辰、戌、丑、未四墓宮或在卯、酉、巳、亥宮時要以身宮、命宮之三合宮位中有化科、化權、化祿才能主吉）。

※文昌和武曲同宮，只有在四墓宮中之辰宮、丑宮為佳，雙星皆居旺位，才會多學多能。在丑、未宮是武貪和文昌同宮，在辰、戌宮是文昌和武曲同宮。若在卯、酉宮是武殺和文昌同宮，在巳、亥宮是武破和文昌同宮，這是『因財被劫』的格式，人會貧窮，只為寒儒的命格了。若命在卯、亥、未，亦為無為之人。

註③有文昌星和化科拱照的命格，會像賈誼一樣，年紀輕輕的，便讀書有成就，而登上仕途。（以三合宮位中有文昌、化科來論）

※其實有文昌和化科同宮在命宮更好。但文昌要居旺，化科也要居旺才佳。

※賈誼為漢初文帝時之人，年少多學。二十二歲時為漢文帝召為博士。改正朔、易服色、定官名、興禮樂，制定許多制度。後為庸臣所害，三十三歲英年早卒，但所留制度與文章著述留傳後世。

註④命宮中有左輔和文昌居旺同宮的人，會做高官至政府首長級的人。

註⑤命宮或身宮中有文昌或武曲居廟位、旺位的人，是有文才武略，文武兼備的命格。（此為孫臏的命格）

※孫臏的命格是武曲化科、天相、文昌坐命申宮的命格。並有左右拱照，科、權、祿三方照守，文武全才、主富貴。

文曲星

【原文】

文曲　廟子辰巳酉丑　旺亥卯未　陷午戌　註①

二曲廟垣逢左右將相之　文曲宜子午酉，武曲宜四墓。　註②

二曲旺宮威名赫奕　文曲子宮第一，卯酉宮次之。武曲辰宮第一，丑未宮次之。註③

二曲貪狼午丑限防溺水之憂　註④

【解析】

註①文曲星在巳宮、酉宮、丑宮居廟。在卯宮、亥宮、未宮居旺。在申宮、子宮、辰宮居得地之位。在寅宮居平。在午宮、戌宮居陷位。（原文旺度有錯誤）

註②文曲、武曲皆居廟位在命宮，再有左輔、右弼同宮的人，為將相之材的人。

※此指文曲、武曲皆居廟位在命宮，指的是武貪加文曲坐命丑宮，二曲皆居廟位，再有左輔、右弼五星同宮，即會是做大將軍或為宰相之高位的人。

（下面的小字解釋有錯，故不解釋）

註③文曲、武曲居旺同宮時，會顯赫的威名，會做大官，掌大權。

※此指武貪加文曲坐命丑宮為最佳。其次，文曲、武曲在辰宮為佳。武府加文曲坐命

子宮亦為佳。武貪加文曲坐命未宮亦佳。

文曲和武曲在卯、酉宮是和武殺同宮，不佳，無法做大官，也無法威名顯赫。小字解釋有錯誤。

註④文曲、武曲和貪狼在午宮、丑宮的大限、小限、流年中要防水厄，有溺水而亡的事情。

※文曲、武曲和貪狼只會在丑宮相逢。在午宮，便只會有文昌，沒有武曲星。因貪狼是獨坐的。

文昌、文曲

【原文】

文昌文曲

昌曲夾命最為奇　倘若命在丑宮，文昌在寅，文曲在子是也。不貴即富，吉多方論，此為貴格。　註①

昌曲臨於丑未時逢卯酉近天顏　賈誼、卜商，昌曲未宮，命丑宮，在命兼化吉者方論。　註②

昌曲巳亥臨不貴即當大富 註③

昌曲吉星居福德謂之玉袖天香 更得紫微居午宮妙。 註④

昌曲陷宮凶殺破，虛譽之隆 凶殺即羊陀空劫。 註⑤

昌曲陷於天傷顏回夭折 命有劫空羊陀，限至七殺羊陀迭併方論。 註⑥

昌曲己辛壬生人限逢辰戌慮投河 如入廟吉，大小二限俱到，命坐辰戌者一身輕。 註⑦

昌曲廉貞於巳亥遭刑不善且虛誇 貪多作事顛倒，子申二宮貴吉多美。 註⑧

昌曲祿存猶為奇特 註⑨

昌曲破軍臨虎兔殺羊沖破奔波 虎兔即寅卯宮是也。 註⑩

昌曲左右會羊陀當生異痣 註⑪

女人昌曲聰明富貴只多淫　註⑫

【解析】

註①命格中有文昌、文曲皆居旺位相夾命宮的命格是最奇特、最佳的命格，可主富貴。（假若命宮在丑宮，有文昌在寅宮（居陷），有文曲在子宮居旺位的命格，不貴即富，要命宮中多吉星才可論定。此為貴格。）

※其實此種『昌曲夾命為奇』的命格，並不一定能主富貴的。因為無論是命坐丑宮或未宮，必有有文昌在寅宮或午宮居陷，而文曲在子宮或申宮是居旺的。這代表這兩種命格的人，父母宮或兄弟宮有文昌陷落。這表示不是父母粗俗無文，沒有智慧，要不然就是兄弟是粗俗無文，沒有智慧。同時也表示外在的助力不好。因此有此格的人，並不如想像中真能成為貴格。再說本命中有吉星者，成就仍在自身的奮鬥和自身的智慧資源，故昌曲夾命是對主貴的力量沒有意義的。在實際驗證中，亦故此格局是不成立的。

註②命宮在卯、酉宮為陽梁坐命，官祿宮在丑、未宮，原為空宮，有文昌、文曲進入同宮時，會在主政者旁邊工作。（小字解釋：賈誼和卜商兩人的命格中有昌曲同在未宮為身宮，而命坐丑宮，必須命宮中有化權、化

祿等化吉的星曜才可為是。例如賈誼就是天同、巨門化權、擎羊同在命宮的人）

註③文昌、文曲在巳、亥宮為命、財、官時，即使不顯貴，也會為大富之人。

※文昌在巳宮時，文昌必在酉宮。文曲在亥宮時，文曲必在卯宮。

因此文昌、文曲在巳、亥宮時，必有另一個昌曲會在三合宮位中。而且皆在旺位。因此只要昌曲在命、財、官中兩個宮位中出現，便有利於進財、主貴。但能不能有大貴、大富便不一定了。原文有些誇大了。例如廉貪在巳、亥宮坐命的人，如命宮再有文昌或文曲，即是政事顛倒糊塗之人，又如何能顯貴、大富呢？

註④文昌、文曲加吉星在福德宮的命格，稱為『玉袖天香』格。（小字解釋有錯誤，此稱有紫微同在午宮居廟尤妙，昌曲不會在午宮同宮。況且七殺坐命辰宮的人，福德宮是紫微在午，也不是『玉袖天香』格。）

※文昌、文曲必在丑宮、未宮會雙星同宮，此是卯時和酉時出生的人。有昌曲在福德宮的人，多半是成就不高，吃軟飯、愛享福、好淫之人。不算吉格。

註⑤有文昌居陷或文曲居陷再加凶星、煞星（指羊、陀、火、鈴、劫空、化忌等星）在命宮的人，一定會耗敗，且有不名譽的事情發生。

※文昌、文曲在寅、午、戌為陷宮。

註⑥孔子弟子顏回在走文昌、文曲居陷，又有天傷同宮的運程時，夭折死亡了。（命宮中有地劫、天空、擎羊、陀羅的人，大、小限、流年到七殺運、擎羊運、陀羅運時，為『羊陀迭併』的格局，即是此格。）

※凡昌曲遇天傷即稱陷落。文昌、文曲逢化忌星時也稱陷落。顏回是地劫、天鉞坐命寅宮，即是空宮坐命，有天空、陽巨、陀羅相照。辛年生的人，有太陽化權、巨門化祿、文曲化科、文昌化忌。三十二歲時，大運在紫殺（逢七殺），小限在寅，有地劫。流年逢辰宮，而辰宮為空宮，四方三合煞星多，空宮多，羊陀、化忌、火鈴、劫空齊備，故性命不保。

註⑦有文昌、文曲在命宮，己年、辛年和壬年生的人，在流年和大、小限逢到辰宮、戌宮時，要小心投河自盡。（如果昌曲是在廟旺之位的主吉。大、小限逢到，命宮又在辰、戌宮的人，主無災一身輕。）

※因己年有文曲化忌，辛年有文昌化忌，壬年有武曲化忌，並且擎羊在子宮，陀羅在戌宮，如果命宮在巳、亥宮，即形成『羊陀夾忌』的惡格，也會有性命之憂。昌曲五行屬金和屬水，故會投河。『羊陀夾忌』主血光傷災死亡，也會與水有關。

註⑧有文昌、文曲和廉貞、貪狼同宮於巳宮或亥宮坐命的人，會遭到刑剋責罰。其人不為善類，是虛浮、自誇、不實在的人。（貪狼坐命者多半做事糊塗、顛倒是非。貪狼在子宮、申宮有化權、化祿，再加吉星為較好的命格。）

※廉貞坐命巳、亥宮的人，本身就虛浮不實，再加文昌或文曲同宮，頭腦不清、善於欺騙，故不善。在工作上一定會遭到處份、退職等情事。而且此人好淫，不為善類。

註⑨文昌、文曲、祿存同在命宮是特別奇特的命格。

※命宮中有文昌、祿存或文曲、祿存的命格，都是空宮坐命，命不強的人。為人會孤獨保守，有才藝。此種命格絕不會在辰、戌、丑、未宮出現，因為祿存不會在此四墓宮出現。因此也不會昌曲、祿存三星同宮。昌祿或曲祿的命格，雖有財，只是衣食之祿的財，但文昌和祿存同在命宮的人，會有『陽梁昌祿』格，命格較高，一生的生活水準也會較高，可有富貴，但不會成為大富之人。

註⑩文昌、文曲和破軍同宮在寅宮、卯宮時（此指廉破加文昌或文曲坐命的命格，或是破軍加昌、曲的命格。再有七殺、擎羊來同宮或相照的命格是勞碌奔波、災禍重的命格。）

※廉破加文昌或文曲的命格，本身已是窮困的命格，若再逢擎羊同宮或相照，一定更慘。七殺會在三合宮位相照。

※破軍在寅、申宮逢文昌或文曲的命格，也是主一生窮困的命格，三合方位也一定會遇有七殺。再有擎羊相照會時更凶。

※凡破軍與文昌、文曲同宮或相照，即是貧困、有水厄之命格。

註⑪有文昌或文曲坐命，命宮中再有左輔、右弼，再有擎羊、陀羅同宮或相照時，臉上、身上會有奇怪的痣。

※事實上，文昌、文曲、左輔、右弼等單星坐命的人本身臉上、身上就會有雀斑、斑痕、痣、胎記這些記號，再有多顆星加在一起，這些斑痕更多，有羊、陀時，情況更嚴重，異痣會較醜陋，或是有大片胎記、麻臉怪異現象。

註⑫女子是昌曲坐命的人，是聰明且有富貴享福的人，但好淫慾。

※有昌曲在命宮或福德宮的人，無論男女，皆是桃花重、好色貪淫樂之人。

武曲星

【原文】

武曲　廟 丑未辰戌　旺 子午　平 巳亥　無失陷　註①

武曲廟垣威名赫奕　辰戌丑未生人安命在辰戌丑未宮主富貴，若不在辰戌丑未次之。　註②

武曲相遇昌曲逢，聰明巧藝定無窮　武曲或與天相同垣逢昌曲。　註③

武曲祿馬交馳發財遠郡　註④

武曲魁鉞居廟旺財賦之官　註⑤

武曲遷移巨商高賈　多吉方論　註⑥

武曲貪狼財宅位橫發資財　註⑦

武曲廉貞貪殺便作經商　註⑧

武曲貪狼加殺忌技藝之人　註⑨

武曲破軍破祖破家勞碌　註⑩

武曲破貞於卯地木壓雷驚　註⑪

武曲劫殺會擎羊因財持刀　註⑫

武曲羊陀兼火宿喪命因財　註⑬

武曲之星為寡宿　火星柔弱，婦奪夫權方免刑剋。若兩剛相歡必主刑剋生離。註⑭

【解析】

註①武曲在丑宮、未宮、辰宮、戌宮為居廟。在丑宮、未宮為武貪同宮。在辰宮、戌宮為獨坐。

武曲在子宮、午宮為居旺。在子宮、午宮皆為武府同宮。

武曲在寅宮、申宮為居得地之位，為武相同宮。（原文遺漏，故補正。）

武曲在巳宮、亥宮、卯宮、酉宮為居平。在巳宮、亥宮為武破同宮。

武曲在卯宮、酉宮為武殺同宮。（原文遺漏卯宮、酉宮，故改正之。）

武曲是無陷落。

註②武曲居廟坐命的人，有顯赫的威名，表示成就高，權力、地位皆高。

（武曲坐命要生於辰年、戌年、丑年、未年的人，又命宮在辰宮、戌宮、丑宮、未宮的人，主富貴大。若不是生在辰、戌、丑、未年的人命格較次一級。）

※武曲在辰宮、戌宮為獨坐居廟，對宮有居廟的貪狼相照。在丑宮、未宮為武貪同宮，雙星居廟，此皆主財祿、外緣機會又好的命格。況且武曲主財、主政治，故有權力和財富，並且此命格有『武貪格』暴發運，會更創造顯赫的人生。

註③命宮中有武曲星同宮和相照，再有昌曲同宮或相照的命格是非常聰明，且有特殊高超技能的人。

※此句所指並不一定是武相坐命，加昌曲的人。就像貪狼坐命，對宮有武曲，加昌曲，或貪狼加昌曲坐命，對宮有武曲相照的命格，一樣是會在某些事務上聰明，且有巧藝的。例如現今台灣副總統呂秀蓮，就是貪狼加文昌坐命辰宮，會有美國哈佛大學的博士學位，雖然也有政事顛倒的狀況，但仍在政治場合具有自己的聰明，可登上高位。

註④命格中有武曲化祿加天馬，或武曲、祿存加天馬，為『祿馬交馳』的格局，只要沒有地劫、天空同宮，就可到遠方，離鄉發展能得財。

※天馬必在寅、申、巳、亥四馬宮出現。武曲在寅、申宮為武相同宮，再加化祿、祿存或天馬，即是『祿馬交馳』的格局。外鄉發展，錢財會很多。武曲在巳、亥宮必是武破同宮，是『因財被劫』的格式。縱然有祿存、化祿、天馬等『祿馬交馳』的格局，仍是勞碌，有衣食之祿，稍富裕的境界，比不上武相加祿馬的命格財多。

註⑤命宮中有武曲居廟旺加天魁、天鉞的命格，可做財政、賦稅的官員。

※此指武曲、魁、鉞在辰、戌宮的命格和武貪加魁、鉞在丑、未宮的命格而言。

註⑥武曲在遷移宮的人是鉅商和成就大的商人。（同宮與三合宮位中之吉星多的才算）

※此指貪狼坐命辰宮或戌宮的人，因外界的環境中財多，而且其人本身又有『武貪格』暴發運，會暴發好運和錢財，自然可成為巨富和大商人。

註⑦武曲、貪狼在財帛宮、田宅宮的人，會橫發，有暴發運會發大財。

※事實上武曲、貪狼同宮或相照，都是『武貪格』，不論在十二宮中的那一個宮位都會暴發財運。只要沒有羊陀、化忌、劫空成為破格即可暴發。有羊、陀時也會暴發，較慢，或少一點，小一點而已。

註⑧命宮中有武曲、廉貞、貪狼、七殺四種星曜的人，便喜歡經商。

※命宮中此四星必需居廟、居旺，經商才會有大財富，否則錢財少，運程多起伏、耗損。

註⑨命宮中有武曲、貪狼的人，再加煞星、化忌星為具有特殊技藝謀生之人。

※無論武曲坐命、貪狼坐命、武貪坐命，其實任何命格有羊陀、火鈴、劫空或化忌同宮的人，皆會尋找到自我謀生之特殊技藝。因為有煞星和忌星在命宮，即會刑財不順，為求活命生活，便會學習特殊技藝以活命養生。

註⑩武破坐命的人，會破祖離家，家庭破散，離鄉發展，一生勞碌奔波。

※武破坐命的人一定要離家發展，離開出生祖地才會好。而其原來的家中必有破耗、離散、窮困等問題。

註⑪武曲、破軍、廉貞在卯宮，會有木壓、雷驚等驚險的災禍。

※武曲在卯宮是武殺坐命的人。廉貞、破軍在卯宮是廉破坐命卯宮的人。武殺、廉破坐命卯宮，因卯宮是五行屬木之宮，因此所遇之血光之災，容易碰到有樹木來壓傷，或樑柱壓傷之血光災禍，卯宮也是震宮，故武殺坐命卯宮、廉破坐命卯宮的人也要小心雷擊等血光之災。

註⑫武殺坐命再加擎羊同宮的人，會因財務問題持刀殺人。

※此因武殺為『因財被劫』的格式，再加擎羊，其人凶悍無財，故有錢財問題時，易持刀殺人。

註⑬武曲、擎羊、火星同在命宮的人，會因財務問題而喪命。

※此因命格中有刑財的問題，故易遭人因錢財殺死。

註⑭武曲星坐命為寡宿星坐命。

※武曲星為寡宿星，會吃素，和接近宗教。女命加吉星雖財多順利，但會早寡。女命武曲加六煞星，六親有刑傷、無緣，會信宗教，吃素，以做職業婦女佳。

貪狼星

【原文】

貪狼　廟 辰戌丑未　旺 丑午　陷 巳亥　註①

貪狼遇鈴火四墓宮豪富家資侯伯貴　辰戌宮佳，丑未宮次之，若守照俱可論吉。　註②

貪狼入廟壽元長　註③

貪狼會殺無吉曜屠宰之人　註④

貪狼子午卯酉鼠竊狗偷之輩終身不能有為　申子辰人命坐子宮，寅午戌人命坐午宮，亥卯未人命坐卯宮，巳酉丑人命坐酉宮是也。　註⑤

貪狼加吉坐長生壽考永如彭祖　寅午戌火生人命坐寅木申金　註⑥

貪狼巳亥加殺不為屠戶亦遭刑 享福不久。註⑦

貪狼同行晚景邊夷神服 三十年後發財，坐命武曲守照，辰戌宮佳，丑未宮次之。註⑧

貪狼先貧而後富 利己損人。命有紫微日月左右昌曲，限逢祿權科則貴論。註⑨

貪狼申宮為下格 化忌方論。註⑩

貪狼加殺同鄉，女偷香而男鼠竊 註⑪

貪武四生四墓宮破軍忌殺百工通 註⑫

貪狼武曲同守身無吉命反不長 命無吉曜身有貪武孤貧。註⑬

貪狼破軍無吉曜迷戀花酒以忘身 或作手藝。註⑭

貪月同殺會機梁，貪財無饜作經商 註⑮

貪狼廉貞同度男多浪蕩女多淫 註⑯

貪遇羊陀居亥子名為泛水桃花 男女貪花迷酒喪身，有吉曜則吉。 註⑰

貪狼陀羅在寅宮號曰風流彩杖 註⑱

女命貪狼多嫉妒 在亥子遇羊陀，嫉妒之流，逢祿馬不美。 註⑲

【解析】

註①貪狼在辰宮、戌宮、丑宮、未宮居廟位。在辰宮和戌宮是獨坐。在丑宮和未宮是武貪同宮。

貪狼在子宮、午宮居旺。皆獨坐。

貪狼在寅宮、申宮、卯宮、酉宮居平位。在寅宮、申宮是獨坐。在卯宮、酉宮是紫貪同宮。

貪狼在巳宮、亥宮為居陷位，是廉貪同宮，雙星皆居陷。

（原文遺漏寅、申、卯、酉宮的旺度，現今補齊）

貪狼沒有居得地之位的旺度。

註②貪狼和火星、鈴星在辰、戌、丑、未四墓宮同宮或對照時，即為『武火貪格』、『武鈴貪格』有雙重暴發運，會暴發錢財，成為億萬富翁，也會成為家財多又顯貴之人。

（此命格在辰、戌宮較佳，在丑、未宮次之，若是同守命或相照都可做吉論。）

※貪狼在辰宮、戌宮、丑宮、未宮時，即已原有了『武貪格』暴發運格了。再加火星或鈴星，就成為雙重的暴發運格。以火星在戌宮時居廟最佳。

其實貪狼在任何一個宮位遇火星、鈴星同宮或相照皆有『火貪格』和『鈴貪格』，暴發財富大小的威力，以火、鈴在寅、午、戌宮居廟為較大之財運。其次要有貪狼的旺弱，再和火、鈴的旺弱配合，才能定出暴發財富之大小。最大之暴發運格是火貪、鈴貪在戌宮同宮或相照的格局。最差的偏財運格是廉貪加火、鈴在亥宮的格局。在數十萬元至數千元之間的暴發運。

《欲瞭解暴發運的內容，請看法雲居士所著『如何算出你的偏財運』，以及『驚爆偏財運』二書》

註③貪狼居廟坐命的人，是長壽之人。

※貪狼居廟、居旺坐命的人皆長壽，但不能有羊陀、化忌、劫空同宮，否則也不能長壽。

註④貪狼和殺星同宮或相照，無吉星來解救者，為屠宰業。

※此句主要指的是貪狼和陀羅坐命，或貪狼和擎羊坐命的人。若無吉星同宮指的是無昌曲、祿存等星同宮，就必然會做屠宰業。做武職亦可。

註⑤貪狼坐命，有幾種命格是低下竊盜匪類的命格，是終身不能有長進、有出息的，以坐命子、午、卯、酉四宮的人為甚。（例如申、子、辰年出生坐命子宮的人。例如寅、午、戌年出生坐命午宮的人。例如亥年、卯年、未年出生，坐命卯宮的人。例如巳年、酉年、丑年出生，坐命酉宮的人等等）

※這只是說大概是如此。命宮或財、官二宮有吉星多的人，便不會如此了。

註⑥貪狼坐命，再有吉星和長生同在命宮，是會像彭祖一樣長命的。（例如寅年、午年、戌年生的人，坐命在寅宮，為甲木長生之地即是。又如申、子、辰年生的人，命坐申宮為水長生之地即是。）

註⑦貪狼在巳、亥宮坐命為廉貪坐命，再加煞星同宮，不做屠戶，也會有刑

傷災害。（是享福不久的意思）

※廉貪在巳、亥宮是雙星俱陷落，命格差、運氣不好，人緣、機緣都差，人見人厭。再加煞星（陀羅、火、鈴、化忌、劫空）。有火、鈴者有暴發運，但為人亦不佳、惡質、品行不佳。有煞星同宮者，易為屠戶或低賤之人。從武職佳，否則有刑剋、遭災、死亡等禍事。

註⑧武貪坐命或武貪相照都是晚發的人，在中年以後才發運，故晚年能做大將軍，使邊疆的敵人臣服。（武貪坐命或相照的人，在三十歲以後才發財，有旺運，以武曲、貪狼在辰、戌宮相照守為佳。以在丑、未宮武貪同宮次之。）

※其實武貪坐命丑、未宮的人較會從武職。武曲坐命或貪狼坐命在辰、戌宮的人，多半會做生意或政治人物，因此能做大將軍，使邊夷臣服的，以武貪在丑、未宮的人較有可能。（古代因職業發展的路子有限，故武曲坐命或貪狼坐命的人，較會從武職。現代社會中，此現象已有改變。）

註⑨有貪狼在命宮的人是年少時貧窮，中年以後富有的人。（貪狼坐命是利己損人、自私的人。命格中有紫微、太陽、太陰、左輔、右弼、文昌、文曲同宮或對照及四方、三合照守，運逢化祿、化權、化科，則以主貴來論其人之命格。）

※貪狼坐命的人，要看遷移宮與父母宮是否有吉星居廟，就知道其人是否是少年貧困之人了。例如貪狼坐命子宮，對宮是紫微居廟，表示這人出生就是生活在高貴富足的環境中，一生也富裕。例如貪狼坐命辰、戌宮的人，遷移宮是武曲，表示此人出生即在富裕的環境中，一生也生活在富裕的生活中，故說貪狼坐命是先貧後富，並不見得對。只是因為他們是在三十六歲左右暴發偏財運而成為大富翁，故看起來早年他們算是不富有的了。

註⑩貪狼坐命、武曲坐命在申宮為下等格局。（有化忌才論為下格）

※貪狼是屬木、申宮屬金，金木相剋，故稱下格。

武曲在申宮是武相同宮。武曲屬金，天相屬水，申宮屬金，皆相宜，故不為下格。

※有化忌同宮，不論在何宮皆為下格。化忌在屬水之宮不忌，但仍有是非或錢財不順。

註⑪貪狼坐命再加煞星的命格，是女子淫蕩，男為盜竊之人。

※貪狼加羊、陀坐命者即是。

註⑫命宮為貪狼或武曲在寅、申、巳、亥（四生宮）等宮位，或辰、戌、丑、未等四墓宮的人，以及破軍坐命或命宮中有化忌星、煞星入命的人，是做各種以手工為業的行業的人。

※『貪武四生四墓宮』包括了貪狼在寅宮坐命、貪狼在申宮坐命、廉貪坐命巳宮或亥宮、貪狼在辰宮、戌宮坐命、武貪在丑宮、未宮坐命、武相在寅宮、申宮坐命、武破在巳宮、亥宮坐命、武曲在辰宮、戌宮坐命，包括了十四個命格的人。會是有特殊技能、手工精巧的人。

※凡破軍坐命以及命宮中有化忌星，例如天機化忌、太陰化忌、武曲化忌、廉貞化忌等等，必有專業技能在身賴以維生。命宮中有羊陀、火鈴、劫空的人亦是。

註⑬有貪狼或武曲在命宮或身宮的人，若無吉星或有煞星同宮，則不能長命。

※命宮中有貪狼居廟無煞星同在命、身宮的人很長壽。有煞星、或居平的人，命長最多七十歲左右上下。武曲居廟坐命的人，在七十歲左右壽元。武曲居平在身命宮的人，例如武破、武殺坐命者，再有煞星同宮者，易早亡。無煞星同宮者，亦有七十歲左右的壽命。長壽者指九十歲上下至百歲的壽元。

註⑭命格中有貪狼、武曲居平陷位，或是有破軍在命宮，又無吉星同宮者，是好酒色，不從正業的人。（或亦以手藝維生）

※此指廉貞坐命或貪狼加陀羅坐命，命宮中有『風流彩杖』格的人，以及武破坐命者，喜歡花酒、色情，不從正業的命格。

註⑮貪狼坐命、太陰坐命的人，若命宮有殺星（煞星）同宮或相照，以及機梁坐命的人，都會有貪財索求無度的情形，容易從商做生意。

※貪狼坐命、太陰坐命，命宮有煞星同宮或相照的命格，即是刑運和刑財的命格。在他們本命中原是應做公職、薪水族的命格，但因刑運和刑財，常因機緣不佳，或財不順，又異想天開而從商做生意，妄想多得錢財，但總得不到。機梁坐命的人，亦是『機月同梁』格的人，也是以公職和薪水族的人生架構，但其人有小聰明，異想天開，也喜歡做生意，也不見得順利，這是違背了原來的命格架構所導致的原因。

註⑯命格中有廉貪同宮，或相照的命格，男子是浪蕩、好酒色的人，女子是多淫慾的人。

※廉貞坐命寅、申宮及貪狼坐命寅、申宮，以及廉貪坐命巳、亥宮的男子和女子就是此種好酒色、男女情愛，為酒色、情色所迷，而沒有大成就的人。

註⑰貪狼和擎羊坐命在子宮，以及廉貪、陀羅坐命在亥宮的命格，稱為『泛水桃花』的格局。

※貪狼、擎羊同坐命子宮主邪淫、桃花。傷害了原本的人緣桃花和好運機會。『廉貪陀』同宮在亥宮，是『風流彩杖』格，更邪淫低下。這兩種命格的人，邪淫桃花氾濫，無論男女皆會迷戀花酒、亂搞男女關係而喪生，有吉星同宮亦然。

註⑱有貪狼、陀羅在寅宮坐命，稱為『風流彩杖』格。

※其實貪狼、陀羅在寅宮坐命，對宮有廉貞相照，故稱『風流彩杖』格。

※凡有廉貞、貪狼、陀羅同宮或相會，皆稱『風流彩杖』格，例如在寅、申宮、巳、

亥宮皆是。

註⑲女子命格中有貪狼星多半是嫉妒之人。（在亥宮、子宮遇羊、陀同宮，是嫉妒之人，就算是逢化祿、祿存、天馬亦不吉，亦是嫉妒之人）

※貪狼是貪星，為人好貪，亦多嫉，不論有沒有羊陀皆有嫉妒之心。有羊陀更甚。因擎羊、陀羅也是嫉星。有祿存同宮，是更保守、更小心、嫉妒，故逢祿馬也不美。

廉貞星

【原文】

廉貞　廟 寅申　利 辰戌丑未　陷 巳亥　註①

廉貞申未宮無殺富貴聲揚播遠名　雄宿朝元格，加殺平常。　註②

廉貞卯酉宮加殺公胥無面官人　或巧藝人。　註③

廉貞暗巨曹吏貪婪　註④

廉貞貪殺破軍逢武曲遷移作吏戎　恐是文曲。註⑤

廉貞七殺居廟旺反為積富之人　殺居午，奇格。若陷地化忌，貧賤殘疾。註⑥

廉貞破火居陷地自縊投河　註⑦

廉貞七殺居巳亥流蕩天涯　註⑧

仲由威猛廉貞入廟會將軍　甲生人命坐酉，乙生人命坐亥，丙戊生人命坐酉，丁己生人命坐寅，庚生人命坐子，辛生人命坐卯，癸生人命坐申。註⑨

廉貞四殺遭刑戮　同羊陀火鈴是也。若安佈此星同必遭刑戮終身。註⑩

廉貞白虎刑杖難逃　流年太歲併小限坐宮又值白虎加臨主官非遭刑杖。註⑪

廉貞破殺會遷移死於外道　註⑫

廉貞羊殺居官祿枷杻難逃 註⑬

女人甲己庚癸，安命申酉亥子宮。丙辛乙戊，安命寅卯巳午是也。若辰戌丑未反賤。

廉貞清白能相守 註⑭

【解析】

註①廉貞在寅宮、申宮為居廟。為獨坐。

廉貞在辰宮、戌宮、丑宮、未宮、子宮、午宮、卯宮、酉宮為居平位。在辰宮、戌宮為廉府同宮。在丑宮、未宮為廉殺同宮。在子宮、午宮為廉相同宮。廉貞在巳宮、亥宮為居陷位。是廉貪同宮。

註②廉貞在申宮、未宮坐命，沒有煞星在三方四合之位的人，是會有大富貴和聲名遠播的人生架構的。（為『雄宿朝元』格，加煞星為平常人之命格）

※廉貞在寅、申宮坐命，其命宮居廟，財帛宮是紫相、官祿宮是武府，只要沒有煞星在命、財、官、遷、夫、福，皆會有富貴，大出息。

※『雅宿朝元格』主要指的是廉殺坐命丑、未宮的命格。再有文昌、文曲、左右同宮

為吉。

註③廉貞在卯酉宮坐命是廉破坐命的人，再有煞星同宮（指有擎羊、火、鈴、化忌）是古代衙門中的小官吏，現今引伸為公家機關中的辦事員或地政、戶政事務所的辦事人員，亦或是警察局中的小隊長之流的人物。

註④命宮中有廉貞星或巨門星的人，做官吏時，會是貪色愛財的人，但要小心有官非災禍發生。

註⑤在命格中遷移宮中有廉貪、廉殺、廉破或武破時，會在武職中做小官。（小字解釋『恐是文曲』為錯誤不取。）

註⑥命宮中有廉貞、七殺二星入宮居廟旺之位的人，反而可成為能積蓄財富的人。（七殺居午宮，對宮是武府相照，是奇特的吉格。倘若廉貞居陷又加化忌在命格的人，會是貧苦下賤，身體有殘疾的人）

※廉貞在寅、申宮居廟坐命的人，財帛宮是紫相，官祿宮是武府，主富。七殺坐命的人，對宮都有天府星，故會積存錢財。

廉殺坐命的人，也是積富之人。有家產，且自身性格節儉吝嗇，故能積富。

廉貪坐命，命宮雙星居陷，財帛宮是紫破，官祿宮是武殺，有耗星，和『因財被劫』的格式，故財不多，又耗財，易窮困。

註⑦命宮中有廉貞、破軍、火星同宮又居陷地的，是會上吊自殺或投河自盡的人。

※此指廉破、火星在酉宮坐命的人。

註⑧命宮中有廉貞星或七殺星居巳宮、亥宮的人，會勞碌奔波、人生飄蕩、流浪天涯。

※此指廉貪坐命巳、亥宮的人，或是紫殺坐命巳、亥宮的人。巳、亥二宮本就是四馬之地，命坐寅、申、巳、亥的人，人生是飄蕩不安定的。尤其以是亥宮為最。

註⑨仲由有威猛的命格是因為是廉貞居廟坐命，並且有將軍星同宮的命格。（小字解釋命坐酉宮為廉破坐命，命坐亥宮為廉貪坐命，命坐子宮為廉相坐命，命坐申宮為廉貞坐命，因所談及的出生年份並不一定好，故解釋有錯。例如癸年坐命在申宮者，對宮有貪狼化忌，命格不高。）

註⑩命格中有廉貞和羊、陀、火、鈴同宮，定會遭到刑剋傷身的危險。

註⑪命格中有廉貞和白虎同宮，流年逢到，會遭官非、刑求，嚴重的處罰。

註⑫在遷移宮中有廉破或廉殺再遇羊、陀、火、鈴會死於外道。（今引伸為交通意外事故，包括車禍、飛機墜落、船隻遇難等等。）

註⑬有『廉殺羊』的格局或有廉貞、羊、火、鈴同在官祿宮時，會犯罪入獄，在劫難逃。

註⑭女子為廉貞居廟坐命的人，是清白守身如玉，品格堅貞的人。（下面的小字解釋不足取。有錯誤！）

巨門星

【原文】

巨門　廟 卯寅申酉　旺 子巳午亥　陷 辰丑未戌　註①

巨日寅宮立命申先驅名而食祿　註②

巨日命宮寅位食祿馳名　註③

巨日申宮立命寅馳名食祿　註④

巨門子午科權祿石中隱玉福興隆　富而子貴，辛癸人上格，丁己人次之。丙戊生人主困。註⑤

巨日命立申宮亦妙　註⑥

巨在亥宮日命巳食祿馳名　註⑦

巨在巳宮日命亥反為不佳　註⑧

巨日拱照亦為奇　假如日午宮，巨在戌宮是也。吉多方論日忌陷。註⑨

巨機居卯乙辛己丙至公卿　不貴即富。甲人平常，何也?因甲祿到寅卯宮有擎羊破格耳。註⑩

巨機酉上化吉者縱有財官也不終　如值孤貧多有壽，巨富即夭亡，加化忌尤凶。若太歲在遷移宮，財宮化祿。註⑪

巨門辰宮化忌辛人命運反為奇　註⑫

巨機丑未為下格　註⑬

巨門陀羅必生異痣 註⑭

巨門羊陀於身命疾厄羸黃困弱盜而娼 註⑮

巨門四殺陷而凶 註⑯

巨火擎羊陀逢惡曜防縊死投河 註⑰

巨火鈴星逢惡限死於外道 註⑱

巨宿天機為破蕩 女命巨機於卯酉，雖富貴不免淫佚若陷地下賤。 註⑲

【解析】

註①巨門在寅宮、卯宮、申宮、酉宮居廟位。在寅宮、申宮是陽巨同宮。在卯宮、酉宮是機巨同宮。

巨門在子宮、午宮、巳宮、亥宮為居旺。此四宮皆為獨坐。

巨門在在辰、戌、丑、未宮居陷位，在辰、戌宮為獨坐。在丑、未宮為同巨同宮。

註②在申宮坐命為空宮坐命，寅宮有太陽、巨門相照的命格，是先有聲名而後才有食祿的人。

※必須在申宮的空宮中有祿存、文昌或文曲，或是左輔、右弼入宮才行。有煞星在命宮者不吉，亦無此食祿。

註③陽巨坐命在寅宮的人，是以食祿揚名的人。（今以烹飪、飲食家而論之）。

註④空宮坐命寅宮，申宮有陽巨相照的命格，會以揚名後而有衣食之祿。

註⑤巨門坐命在子宮或午宮，再有化科、化權、化祿三合照守的命格，為『石中隱玉』格，會福份好、事業興隆。主富與有子貴顯。（辛年生的人有巨門化祿在命宮，癸年生的人有巨門化權在命宮為上等命格。丁年生的人有祿存和巨門化忌在命宮或遷移宮，己年生的人有祿存在命宮或遷移宮，命格較次。丙、戊年生人因有擎羊在命宮或遷移宮，主困頓、爭鬥多。）

註⑥太陽、巨門坐命在申宮，太陽居得地之位（合格），巨門居廟位。命格也算不錯（但會中年以後懶惰），多半會做與口才有關的工作，例如保險、推銷業。

註⑦太陽坐命巳宮，巨門在亥宮相照的命格，也會以食祿（代表工作上）有名聲。（此因『陽梁昌祿』格的關係而致）

註⑧太陽坐命亥宮，巨門在巳宮相照的命格反而不佳。

※此是因為太陽居陷坐命無光的關係，其人生較晦暗，在男性社會中失去競爭力，而易無法出人頭地，是做幕僚人員較佳的命格。

註⑨有太陽、巨門在三合方位拱照的命格亦是好的命格。（太陽必須居旺才好）

※此指空宮坐命有機陰相照的命格。因天機居得地之位，太陰居平不佳的關係。命宮中必須有祿存進入才為佳格。

註⑩機巨坐命卯宮時，乙年、辛年、己年、丙年出生的人，官位高，可做政府高級首長之職。

※機巨坐命卯宮，乙年生的人，有祿存、天機化祿在命宮，有雙祿格局。丙年生的人，有天機化權在命宮。己年生的人，有祿存在官祿宮。辛年生的人，有巨門化祿在命

宮，有祿存在遷移宮，都是好命的格局。（甲年生的人，有擎羊在命宮為不佳命格。）

註⑪機巨坐命在酉宮，即使命宮中有吉星，會有財祿和官位，也不會很好。（因為此命格的人，命格有缺陷，命宮所在的宮位，金木相剋，如果是孤貧則長壽。有祿星主富者，則易夭亡，有天機化忌或巨門化忌在命宮的人更凶。）

註⑫如果是有巨門居陷坐命辰宮的人，辛年生的人，因有巨門化祿在命宮，反而命程轉佳。

※巨門居陷宮，是非多，故亦稱帶有化忌。

註⑬巨門坐命在丑宮、未宮，以及天機坐命在丑宮、未宮，都是下等命格。

※巨門在丑、未宮為同巨同宮，雙星俱陷落。此命格的人，財帛宮是空宮，官祿宮是天機居平。一生沒有奮發力，工作時間不長，沒有成就，為下等命格。天機在丑、未宮為居陷位。此命格的人，其財帛宮是天同居平，官祿宮是巨門居旺，有『陽梁昌祿』格的人，會較有成就。無此格的人，一生受父母長上的蔭庇照顧，也會沒有成就。

註⑭命宮中有巨門、陀羅坐命的人，臉上、身上會生大斑點或胎記、奇怪的大痣。

※此命格的人，長相粗俗、矮胖、巨門陷落時，矮壯。臉上會有大黑斑、大胎記及大痣、麻臉，看起來臉髒髒的。

註⑮有巨門、擎羊、陀羅在命宮、身宮或疾厄宮時，身體會羸弱、臉黃色、身體不佳，運氣不好，窮困，做盜賊或娼妓。

※巨門坐命即多是非災禍，再有羊、陀在身、命、疾厄等宮，必主傷剋嚴重。身體會傷殘，有異相，不佳，亦主窮困，其人內心多奸詐，易落入社會下層。

註⑯巨門與四殺（羊、陀、火、鈴）同宮坐命，若再居陷，是災禍更凶的命格。

※巨門為暗曜主是非災禍，再有煞星同宮，災禍更鉅。其人也凶悍，不知廉恥，為惡質匪徒之類的命格。

註⑰命格中有巨門、火星、擎羊、陀羅同宮或三合照守，又逢惡星在流年、流月中，會形成『巨、火、羊』、『巨、火、陀』的格局，要小心防範其人會上吊自殺或投河自盡。

註⑱命格中有巨門、火星或鈴星同宮或三合照守，再逢大、小限及流年不利時，會有交通事故，死在外面。

註⑲機巨坐命為『破蕩格』。（女子為機巨坐命在卯宮或酉宮，三方吉可富

貴，但會好淫賤之事）

※機巨坐命的人為『破蕩格』，會離家發展，白手起家。某些人原是有良好家世而家道中落的人，其人性格強，不喜人管，故會離鄉發展，靠自己的雙手打拚，而成就自己的家庭。此命格的人，多半有『陽梁昌祿』格，可主貴而有食祿。

七殺星

【原文】

七殺 廟 丑寅未申戌 旺 丑午卯酉 平 巳亥 無陷 註①

七殺寅申子午一生爵祿榮昌 為七殺朝斗格。 註②

七殺破軍專依羊鈴之虐 註③

七殺廉貞同位路上埋屍 觀廉貞內註，會耗於遷移亦然，若陷地加化忌由凶。 註④

七殺破軍宜出外，諸殺手藝不能精 註⑤

七殺臨身命流年刑忌災傷　逢紫微、天相、祿存，可解。　註⑥

殺臨絕地會羊陀顏回夭折　註⑦

七殺重逢四殺腰駝背曲陣中亡　殺與鈴火，主陣亡又有疾厄。　註⑧

七殺羊火貧且賤屠宰之人　七殺羊陀會生鄉　註⑨

七殺羊鈴流年白虎刑戮災迍　註⑩

七殺流羊遇官符離鄉遭配　歲限俱到。　註⑪

七殺守照歲限擎羊午生人命安卯酉宮主凶亡　餘宮亦忌，命限三合七殺流年羊刃到命，即七殺重逢　註⑫

七殺沈吟福不榮　男有威權，女無所施。　註⑬

七殺臨身終是夭　註⑭

七殺單居福德女人切忌賤無疑　註⑮

【解析】

註①七殺在丑宮、未宮、寅宮、申宮、辰宮、戌宮居廟位。在丑宮、未宮是廉殺同宮。在寅宮、申宮、辰宮、戌宮是獨坐。

七殺在子宮、午宮、卯宮、酉宮為居旺位。在子宮、午宮是獨坐。在卯宮、酉宮是武殺同宮。

七殺在巳宮、亥宮為居平，是紫殺同宮。

七殺無居陷位。

註②七殺在寅宮、申宮、子宮、午宮坐命的人，是一生有官位高、財祿好的命格。

※七殺在寅宮坐命為『七殺仰斗格』。七殺在申宮坐命為『七殺朝斗格』，此為貴格，從武職可為大將軍，有大富貴。七殺坐命子、午宮者不是。

註③七殺、破軍二星若和擎羊、鈴星同宮，是凶猛、災禍多、有傷災、死亡的災禍的星，因此看人命格時，就要看有無羊、鈴和殺、破二星相會了。

註④七殺和廉貞同宮，是『路上埋屍』的格局。

※此為『廉殺羊』、『廉殺陀』的格局，會有車禍血光凶災，亦會有飛機、船隻之類的交通事故而喪生。

註⑤七殺坐命和破軍坐命的人，要出外打拚奮鬥，但是其人是做專門技術不精的人。

※七殺坐命和破軍坐命的人，是奔波勞碌型的人，不適合靜守，故無法學手藝。適合做軍警武職或與金水有關的行業，但仍須東奔西跑的行業較佳。

註⑥有七殺在命宮、身宮，流年不利，逢化忌、擎羊所在宮位的流年，會有傷災。

※此指有『羊陀迭併』的流年或『七殺重逢』的流年而談的。縱使有紫微、天相、祿存，例如逢紫殺的流年，或化忌和祿存同宮的流年亦不佳。紫殺的流年災小。有化忌和祿存同宮的流年會形成『羊陀夾忌』亦有死亡之災。有天相的流年較好。

註⑦孔子弟子顏回是在大限為七殺，再被流年羊陀所夾的惡運，而夭折死亡的。

註⑧七殺和羊、陀、火、鈴等四煞星同宮的人，會有腰背彎曲、駝背、羅鍋的情形，身體有殘疾，而且會在戰爭中陣亡。

註⑨命宮中有七殺、火星、擎羊同在命宮的人，是貧困的屠宰之人。（指其人命凶且賤。）

註⑩流年逢七殺、擎羊、鈴星、白虎同宮時，會遭刑剋、災戮、血光之災，和錢財不順，人緣不佳，事業有起落等的災禍。

註⑪大、小限、流年逢到七殺，流年擎羊、官符等星時，會犯罪遭受刑罰，關到外鄉的監獄中服刑。

註⑫有擎羊在卯宮、酉宮坐命，流年又逢七殺運或有七殺相照的流年，其人會凶死。（其他的宮位也是同樣不好的。命宮三合宮位中有七殺星，再有流年羊刃（流年擎羊）逢到命宮，就算是『七殺重逢』，主凶死）。

註⑬有七殺在福德宮的人，是福不全的人。

※男女俱論，因勞碌奔波的關係。

註⑭有七殺在身宮的人，總是會早夭短壽的人。

註⑮女人有七殺單星在福德宮的人是不好了，是賤命，會做奴僕。勞碌無福。

破軍星

【原文】

破軍　廟子午　旺辰戌丑未　陷寅申　註①

破軍子午宮無殺官資清顯至三公　甲癸生人合格，丁己生人次之，丙戊生人主困。　註②

破軍貪狼逢祿馬男多浪蕩女多淫　註③

破軍暗巨同鄉水中作塚　破與巨不同垣，恐照命宮或犯遷移。　註④

破軍火鈴奔波勞碌　註⑤

破軍一曜性難明　男女命論　註⑥

破耗羊鈴官祿位到處乞求　又貪狼在子午卯酉者，看貪狼內註。　註⑦

【解析】

註①破軍在子宮、午宮居廟位，是獨坐。

破軍在辰宮、戌宮、丑宮、未宮居旺。在辰宮、戌宮是獨坐。在丑宮、未宮是紫破同宮。

破軍在寅宮、申宮居得地之位。是獨坐。（此處為原文有錯）

破軍在巳宮、亥宮居平位。為武破同宮。（此處為原文遺漏）

破軍在卯宮、酉宮居陷位。是廉破同宮。（此處為原文遺漏）

註②破軍坐命在子宮或午宮，沒有煞星同宮或相照的命格主貴。有清高顯貴的官位，可做到政府首長級的位置。（甲年生有破軍化權在命宮，癸年生有祿存、破軍化祿在命宮或祿存相照命宮是最佳的命格。有雙祿格局。其次是丁年、己年生的人，有祿存在午宮，是在命宮或遷移宮。丙年生和戊年生的人有擎羊在命宮或遷移宮，主困頓、辛苦勞碌，不算好命。）

註③破軍坐命、貪狼坐命的人，再有化祿、祿存、天馬在命宮的人，有此命格的男子因外緣關係好多奔波、愛玩樂、好女色、遊戲人間。此命格的女子也多情、貪淫慾。

註④命宮中有破軍在命宮，或有巨門在命宮的人，都有水厄，要防範與水有關致死的災害。（下小字註解有錯誤）

※破軍五行屬水，巨門五行也屬水。這兩種命格的人，倘若又坐命在亥、子、丑或申、辰等宮，倘若有文昌、文曲、武曲帶金水的星同宮或相照，金水相生，水又更多了。一定會泛濫成災，而有死亡災禍死於水中。

※破軍不會和巨門同宮，也不會相照命宮，更不會在遷移宮相見。巨門永遠在破軍的第八宮，也就是在命宮為破軍坐命者的僕役宮。因此不會在三合、四方宮位中。此處只是講破軍和巨門兩種體系的星。

註⑤命宮中有破軍和火星或鈴星同宮的命格，是奔波勞碌的命格。

※破軍本身就是奔波勞碌的命格了。再加火星或鈴星，奔波的速度更快。

註⑥命宮中有破軍這一顆星的人，都是性情讓人捉摸不定的人。（男女都一樣）。

※破軍坐命的人善變，情緒思想都變化快，喜怒無常，對人疑神疑鬼，不容易相信人。對人又挑剔，喜歡好大喜功，愛別人給他戴高帽，但有時有人剛直的舉出他的缺點，他又不計前嫌的接受了，令人捉摸不定他的脾氣會在何時爆發。

註⑦命格裡在官祿宮有破軍、擎羊、鈴星的人，是乞丐的命格。

擎羊星

【原文】

擎羊　廟（辰戌丑未）　旺（子申酉亥）　陷（卯巳午）　註①

擎羊入廟富貴聲揚　加吉方論。　註②

羊火同宮威權壓眾　辰戌人佳，丑未次之。　註③

羊陀鈴火守身命腰駝背曲之人　註④

擎羊丑午卯酉非夭折則刑傷　午凶卯次之，子酉又次之，馬頭帶劍，吉多勿論。　註⑤

擎羊逢力士李廣難封　甲生人命卯，丙生人命午，庚生人命酉，壬生人命子，吉多平常，加殺則凶。　註⑥

羊陀火鈴逢吉發財凶則忌　註⑦

羊鈴坐命流年白虎災傷　流年白虎又到命宮也。　註⑧

擎羊對守在酉宮歲迭羊陀庚命凶　餘宮亦忌，守命宮有羊陀，流年遇羊陀為迭併。　註⑨

羊陀夾忌為敗局　假如安命在申宮又逢忌星，羊在酉、陀在未夾之，餘要做此為例。命、歲二限行至此亦凶，孤貧刑剋。若單守祿存無吉星同垣，亦有災殃之凶。　註⑩

羊陀流年鈴，破面有斑痕。一擎羊火星為下格　註⑪

擎羊重逢流羊西旋殞身　歲限重逢　註⑫

【解析】

註①擎羊星在辰宮、戌宮、丑宮、未宮居廟位。在子宮、午宮、卯宮、酉宮居陷位。在寅宮、申宮、巳宮、亥宮不出現。

（原文旺度有錯誤）

註②擎羊居廟位單星坐命的人，會有富貴的人生和名聲遠揚的機運。

※此指對宮是武貪相照，擎羊坐命在丑、未宮的命格。

註③擎羊和火星同宮坐命的人會有權威能服眾。

※此指一、是擎羊、火星在丑、未宮坐命，有武貪相照的命格，二、是擎羊、火星在午宮坐命，有同陰相照的『馬頭帶箭』格的命格，才能有威權服眾。

註④有擎羊或陀羅、火星、鈴星（四殺）在命宮或身宮的人，會有殘疾，為駝子或有羅鍋的人，會彎腰曲背。

註⑤擎羊獨坐命宮在子宮、午宮、卯宮、酉宮為居陷坐命的人，刑剋極重，且非善類，故會早夭、或身體傷殘。

※擎羊坐命卯宮和午宮傷剋都很凶，在子宮、酉宮次之。因擎羊屬金，金木、金火相剋之故。擎羊在午宮單獨坐命，有同陰在子宮相照的命格才為真正的『馬頭帶箭』格。擎羊是刑星，縱有文昌、文曲、左輔、右弼同宮也不吉。因左右是助善也助惡的星。昌曲又太柔弱。

註⑥漢朝的李廣，因命格中有擎羊、力士而難以受封官位。（甲年生的人命宮在卯宮、丙年生的人命宮在午宮、庚年生的人命宮在酉宮、壬年生的人命宮在子宮，這些命格全都是有擎羊在命宮的命格，若有吉星照守得多的，亦是平常人之命格，因為全是擎羊居陷的命格。再加殺星，如火星、鈴星、空劫等，則為凶命，有早夭之憂。）

註⑦命宮中有擎羊或陀羅，再有火星、鈴星同宮，又逢吉星在命宮會發財，若遇凶星，則招災、夭亡。

※擎羊、火星坐命，或陀羅、鈴星坐命會發財的原因是有火星、鈴星的關係。若火、鈴居廟，則一定會發財。火、鈴居陷則不一定會發了。

註⑧有擎羊、鈴星坐命宮，再遇流年逢白虎星時，會有血光傷災。

※此指流年又逢羊、鈴、白虎同宮的運程。

註⑨有擎羊在酉宮、庚年生的人，逢『羊陀迭併』的流年時，命運凶惡會有死亡之憂。（有羊陀在命宮，流年再遇羊陀運，為迭併，亦是大限、小限、流年三重逢合羊陀運的意思。）

註⑩命格中有『羊陀夾忌』的格局為最壞的格局，稱為敗局，會死亡。（假如坐命在申宮，申宮中又有化忌星，庚年生的人，而擎羊在酉宮、陀羅在未宮，即是羊陀夾忌。命宮、流年、大、小限逢此運也很凶，是孤貧刑剋，會死亡的運程。倘若有祿存與主星帶化忌星同宮，亦會有災禍發生。）

註⑪在流年運程逢擎羊運或陀羅運時，再有鈴星同宮的運程，在那一年的時候，其人臉上會有傷痕和斑痕，表示臉面破相有血光之災。命格中只有擎羊和火星同宮坐命的命格是下等命格。

註⑫美人西施是因逢『幾重擎羊迭併』的運程而喪命的，（此指大運、大限、流年而言。）

陀羅星

【原文】

陀羅 廟 辰戌丑未 陷 卯酉 地 子亥 註①

陀羅巳亥寅申非夭折則刑傷 余識得多離祖，出外成家者亦吉，主生人有破相。 註②

【解析】

註①陀羅星在辰宮、戌宮、丑宮、未宮居廟地。

陀羅在寅宮、申宮、巳宮、亥宮居陷地。

陀羅不會出現在子宮、午宮、卯宮、酉宮。

（原文之旺度、宮位有錯）

註②陀羅坐命在寅宮、申宮、巳宮、亥宮，為居陷位坐命的人，此命格的人不是易夭折、早亡，便是有刑剋傷災。（此命格者有破相，出外離開出生血地者能較吉。）

火星、鈴星

【原文】

火星　廟寅午戌　地巳酉丑　陷刑　註①

火鈴相遇名振諸邦 註②

火鈴夾命為敗局 如命安寅申，火星在丑、鈴星在卯，吉多尚可。惟夾忌，辰凶、歲限巡逆者，此地亦凶。 註③

鈴星　廟 寅卯午戌　地 辰巳未申　陷 子亥酉丑 註④

火鈴旺宮亦為福論 註⑤

擎羊火鈴為下格 女人廟旺猶可，陷地下賤貧窮夭折。 註⑥

【解析】

註①火星在寅宮、午宮、戌宮為居廟地。

火星在丑宮、巳宮、酉宮居得地之位。（原文旺度有錯誤）

火星在卯宮、亥宮、未宮居平位。（此原文遺漏）

火星在子宮、辰宮、申宮居陷位。（原文旺度有錯誤）

註②火星、鈴星皆居旺位在命、財、官三合宮位中相照守的命格。會威名遠揚，讓各國都知道。

※申、子、辰年生的人，火星、鈴星會在命、財、官三合宮位中出現。而以命宮中有火、鈴，而財帛宮中有另一個鈴星或火星為最佳格局。（但火、鈴最好在寅、午、戌宮居廟的位置上。）

註③有火星、鈴星在前後二宮相夾命宮為不好的命格，主凶。（如果坐命在寅宮，有火星在丑宮，鈴星在卯宮。倘若命宮中吉星多的還可以。有化忌在命宮，為火、鈴相夾的命格，或命宮中再有凶星，或命宮主星陷落的命格，當流年逢至命宮時，也是主不吉的。）

※寅、午、戌年生的人，和亥、卯、未年生的人，都會形成火星、鈴星隔一宮位的狀況。若命宮在火星和鈴星之間的宮位中，便會形成相夾的局面。此狀況中命宮有凶星或陷落之星為不吉，火星和鈴星居陷也不吉。

註④鈴星在寅宮、午宮、戌宮為居廟。

鈴星在丑宮、巳宮、酉宮居得地之位。（原文旺度有錯誤）

鈴星在卯宮、亥宮、未宮居平位。

鈴星在申宮、子宮、辰宮居陷位。

註⑤火星、鈴星在寅宮、午宮、戌宮等居廟旺的宮位，有暴發運、偏財運，故也做有福吉祥而論。

註⑥命宮中有擎羊、火星或鈴星者為下等格局。（女人命格中有擎羊、火、鈴居旺還好，居陷地為下賤、貧窮夭折之命）

※無論男女，命宮中有擎羊、火星或擎羊、鈴星的人，皆容易有傷災致殘的危險，而且其人陰險狡詐、多疑、脾氣壞。命宮中羊、火、鈴居廟旺尚可，但不為吉命。羊、火、鈴居陷坐命時，為下賤、貧困，而且易夭折死亡之命。

天魁、天鉞

【原文】

魁鉞

魁鉞夾命為奇格 如命安在辰宮，魁在卯、鉞在巳宮是也。 註①

魁鉞命身多折桂 加吉方論，在命身最妙，三方次之。 註②

魁鉞昌曲祿存扶，刑殺無沖台輔貴 命身妙，三方次。見刑殺沖會者平常，只宜僧道。 註③

魁鉞重逢殺湊痼疾尤多　殺乃羊鈴空劫。　註④

魁鉞輔星為福壽　二星在命身諸宮福壽雙全。　註⑤

【解析】

註①有天魁、天鉞二星相夾命宮為奇特主貴的命格。（例如坐命辰宮，有天魁在卯宮，有天鉞在巳宮，即是『魁鉞夾命』。）

※惟有壬年和癸年生的人，又命宮在辰宮坐命的人會有『魁鉞夾命』的貴格，其人主貴。丙年、丁年生又坐命戌宮的人，也會有『魁鉞夾命』的貴格。

註②有天魁、天鉞一個在命宮，一個在身宮的命格，會考試高中而致仕做官。

※魁鉞不可能同宮，會在對宮出現，例如在丑宮、未宮為相照（戊、庚年）亦會在三合宮位出現，例如乙年、己年在子、申宮出現。辛年在寅、午宮出現等等。

註③命宮中有天魁、天鉞、文昌、文曲、祿存同宮，或三合相照，沒有煞星在命格或三合宮位中沖破的命格，十分完滿，其人會做政府高級官員而主貴。

※命宮中有主星居廟旺，再加魁鉞、昌曲、祿存的命格或三合守照的命格，較好。若只有這些星在命宮，就算是空宮坐命的人，是命格較弱但主貴顯的命格，亦可有官貴。

註④命宮中有魁鉞相照守，再有煞星在命宮的人，身體有嚴重的長期疾病纏身。（指有羊陀、火、鈴、空劫加魁、鉞坐命）

註⑤命宮中有天魁、天鉞、左輔、右弼等星的人，會有福氣和長壽。

左輔、右弼

【原文】

左輔右弼

左右文昌位至台輔 註①

左右夾命方貴格 如安命在丑宮，左輔在子宮，右弼在寅宮，四、七、十一月生者是也，若不貴則大富。 註②

右弼左輔終身福厚

在命宮、遷移是也，三方次之。註③

左右同宮披羅衣紫

辰戌宮安命，正月、七月生者；丑宮安命，九月生者；未宮安命，四月生者；卯酉宮安命，六月、十二月生者，三方勿論。註④

左右單守照命宮離宗庶出

身命無正曜是也。若三方合紫微、天相、天府吉。註⑤

左右貞羊遭刑盜 註⑥

左右昌曲逢羊陀當生暗痣 註⑦

左右財官兼夾拱衣祿豐盈 註⑧

左右魁鉞為福壽

三星在命宮，福壽全美，若女命逢之旺夫益子。註⑨

右弼天相福來臨

諸宮遇福。丑未亥三宮不貴，縱貴不久遠。前當主富，若卯酉二陷宮少稱心遂意。註⑩

【解析】

註①命宮中有左輔、右弼、文昌、文曲四星同宮坐命的人，可做政府高級首長的官位，表示主貴。有貴格。

註②有左輔、右弼相夾命宮的格局為主貴的格局。（如果坐命丑宮，左輔在子宮、右弼在寅宮，此是九月出生的人的命格。會有富貴雙全的命格。）（小字解釋有錯誤）

※四月生人，左右在未宮同宮。七月生人，左輔在戌宮，右弼在辰宮。十一月生人，左輔在寅宮，右弼在子宮。只有十一月生人和九月生人及三月生人、五月生人可相夾命宮，有『左右相夾』的命格。

註③有右弼或左輔星在命宮的人，一生都是福份厚的人。

※左輔、右弼為輔星，亦是平輩貴人星，有此等星在命宮，一生受他人扶持照顧，朋友和兄弟手足，因此多福份。

註④命宮中有左輔、右弼同在命宮者，是穿官服能做大官，亦有富裕的人生。（小字解釋有錯）

※左輔、右弼只會在丑宮、未宮同宮，因此坐命丑宮要生在十月。坐命未宮，要生在

四月，才會有左右同宮的命格，餘者皆不是。有此命格者有助力，能成就大富貴。

註⑤有左輔或右弼單星在命宮中，或是在對宮相照命宮的人，是姨太太所生的人或是過繼給別人做養子的人。

※左輔坐命或右弼坐命的人，從小是給別人帶大，（不是親生父母帶大）有時是祖父母、姨、嬸之類或是奶媽帶大的人，和父母不親密，左右坐命的人皆空宮坐命，命不強，故也可能為養子或庶出之人。

註⑥命格中有左輔、右弼和廉貞、擎羊同宮或在三合宮位中照守的人主遭刑剋，或有罪罰之事，也會遭盜賊所傷。

註⑦命宮中有左輔、右弼、文昌、文曲、擎羊、陀羅等星時，其人身上、臉上會有黑痣。

※命宮中有左輔或右弼、或文昌、或文曲單星坐命，其人就會在臉上、身上出現斑點、黑痣了，況且再加羊、陀，肯定有痣。

註⑧有左輔、右弼在財帛宮、官祿宮，或是相夾財帛宮、官祿宮，或是在『命、財、官』中三合拱照，皆是食祿豐盛的命格。

註⑨命宮中有左輔、右弼、天魁、天鉞，只要有三個星同宮在命宮，就是有福有壽之人，而且長相俊美。

註⑩命宮中有右弼、天相坐命的命格，是有福氣的命格。

※此命格的官祿宮皆為空宮，財帛宮是天府星，因此皆不能主貴。命宮在卯、酉宮，天相居陷時，對宮有廉破相照，一生不富裕，且多災，右弼為女性平輩貴人星，能有輔助也不強，故不佳。

祿存星

【原文】

祿存　十二宮中皆入廟　註①

祿存守於財宅積玉堆金　在命亦可，喜化祿同科權更妙。　註②

祿存子午位遷移身命逢之利祿宜　註③

明祿暗祿至公卿　註④

雙祿重逢終身富貴　註⑤

祿逢沖破吉也成凶 註⑥

雙祿守命呂后專權 註⑦

祿存厚重多衣祿 諸宮降福，起家富貴。女人嫁夫招贅旺財。 註⑧

【解析】

註①祿存星在十二個宮中皆為居廟位。不會居於陷弱、得地等旺度。

註②有祿存在財帛宮或田宅宮的命格，可積存錢財，稱之。（祿存在命宮也很好，再有化祿、化權、化科同宮更好。）

※祿存星會依同宮的主星是否是財星，和主星的旺弱而有財富的大小之分。祿存和財星、財庫星居旺同宮，財富是最大的。祿存和不主財的星同宮，或和陷落的星同宮時，財富就很小了，只有衣食之祿。

註③當命宮、身宮、遷移宮位於子宮或午宮，有祿存在宮內的命格（這是癸年、丁年、己年生的人），有這樣情形的命格，會有財祿可進，財多。

註④命宮中有祿存、化祿，『夫、遷、福』等宮位也有另一個祿存、化祿星的命格稱之，此命格的人，可做政府首長級高等職位的人。

註⑤命格中有祿存和化祿在命宮，或在財、官二宮三合照守的命格，都是『雙祿重逢』的格局，會有一生富貴的人生。

註⑥祿存逢羊、陀、火、鈴、劫、空、化忌同宮時，為『祿逢沖破』的格局。無吉而有凶象。因無法得財之故。

註⑦漢朝呂后能掌握權利管朝政，是因為命宮中有祿存和廉貞化祿的『雙祿』格局的關係使然。

註⑧祿存坐命的人，性格外表形態皆穩重、敦厚、多衣食之祿。（祿存在每一個宮位皆能降福。女子為祿存坐命時，不論是嫁人或招贅婿，都有幫夫運，能帶錢財給夫婿。）

天馬星

【原文】

天馬

祿馬最喜交馳　忌見殺羊火截路空亡，多主勞苦。註①

天馬四生妻宮富貴還當封贈　註②

馬遇空亡終身奔走　註③

【解析】

註①祿存和天馬同宮，稱『祿馬交馳』，有化祿和天馬同宮亦是。但不可有七殺、擎羊、火星、劫空、劫空同宮，祿逢沖破，主勞苦奔波，無所得。

※有『祿馬交馳』美格者，多忙碌中見喜得財。

註②在寅、申、巳、亥四生四馬宮為夫妻宮者，並有天馬在夫妻宮中，主富貴。女命有此命，會做高官的夫人，受到榮耀和獎勵。

※有天馬在夫妻宮中，主其人之配偶很忙碌奔波，生意、事業興隆，而且夫妻間相互為助力，主吉。但因配偶忙碌，會有聚少離多之現象。

註③命格中有天馬和地劫、天空、截空、旬空等同宮，為『馬遇空亡』。是一生勞碌奔波，東奔西走，沒有結果的命程。

科權祿

【原文】

科權祿

科權祿合富貴雙全　註①

化祿存亦是祿，化祿會祿存富貴全。權會巨武英揚，科會魁鉞貴顯。在命宮極佳，三方次之吉聚亦佳。凶多則不美，謂之美玉瑕玷。

祿科命逢合吉威權壓眾相王朝　註②

權祿重逢財官雙美　註③

論三方吉多方吉，凶眾也不美。

科命權朝登庸甲第　註④

或權或祿全更佳，為言祿逢迎格。

化祿子午位遷移夫子文章冠世　註⑤

遷移在子、午宮，為對面朝天格，子命太陽化祿在午宮合此格。餘宮要看吉凶。

科權祿夾為貴格　註⑥

如命安在子宮、祿存亥宮、權在丑宮，為夾貴，皆餘倣此。

權祿重逢殺湊虛譽之隆　註⑦

科名陷於凶神苗而不秀　註⑧

如日戌、月卯、化科陷地，或又加羊陀劫空。

祿主纏於弱地命不主財　註⑨

權祿守財福之位處世榮華　註⑩

權祿吉星奴僕位縱然官貴也奔波　註⑪

【解析】

註①命格中有化科、化權、化祿或祿存同宮在命宮，或是在『命、財、官』三合宮位之中，即是『科權祿合』的格局，其人會是有富貴皆大的人生，一定會有大出息、大事業。

註②命宮中有化祿、祿存、化科同坐命，再有吉星同宮的命格，是具有權威、貴位，在朝為相（會引伸為行政院長之職），並可服眾有威望的人。

註③命宮或三合宮位（指命、財、官三方）有化權、化祿、祿存同宮及相照合的命格，會有高官之貴和具有財富雙重美好的命格。（命、財、官三合宮位中要吉星多，才吉，有凶星也是不全美的格局）

註④命宮中有化科，有化權在財、官二宮來朝向命宮的命格，是可以考試高中而致仕做官的命格。

註⑤有化祿在遷移宮，又居於子、午宮的人，會具有文名，文章為天下第一。

孔夫子命格中的遷移宮中就有太陽化祿，故可寫出蓋世的文章。

註⑥有化科、化權、化祿相夾命宮的命格是主貴的命格。

※即是命宮前後的二宮，在父母宮及兄弟宮中有科、權、祿即是此格。

註⑦有化權、化祿同宮，又有煞星同宮的人，是具有不實在虛名的人，雖有一時之貴，但不長久。

註⑧命格中主貴、主科考，致仕做官的星曜或格局居陷位或有煞星同宮，其人會很能幹操勞，但沒有成就。

※例如『陽梁昌祿』格中的幾個主星陷落，或沒有祿星，亦或是有羊陀、劫空、火、鈴同宮。亦或是官祿宮有文昌陷落、化科居陷位、太陽居陷等等皆是。

註⑨命格中有財星居陷位，或化祿、祿存有劫空沖破，其命格不主財。

註⑩命格中有化權、化祿、祿存在財帛宮、福德宮的人，一生生活富裕，有榮景。

註⑪命格中有化權、化祿和吉星在僕役宮中的人，縱然能主貴做官，也是勞碌奔波之人。

※因為其人愛管事，人緣好的關係。

地劫、天空

【原文】

劫空

劫空夾命為敗局　假如命安在亥宮，劫在子宮、空在亥宮是也，歲限行到亦凶，夾忌亦凶，孤貧刑傷。註①

劫空臨限楚王喪國綠珠亡　註②

生處劫空猶如半天折翅　註③

劫空臨財福之鄉生來貧賤　註④

【解析】

註①地劫、天空相夾命宮是『劫空夾命』的格局，為凶命。

※如果命宮在亥宮，生於丑時的人，有地劫在子宮，天空在戌宮，二星相夾命宮，此命格即主凶。大限、流年走到亥宮時會招災夭亡。如果亥宮再有化忌星，大運、流年三重逢合，必亡。（小字解釋有錯。若天空在亥宮，必是子時生人，地劫也會一個在亥宮了，這是同宮，不是相夾命宮了。）

※另外命宮在巳宮，生於巳時、未時，午、辰二宮有空劫。或坐命亥宮，生於亥時，戌、子二宮有空劫的命格皆是此格。

註②當大限、小限、流年逢到地劫運或天空運時，三重逢合即是凶運。楚霸王項羽即是大運逢地劫運有天空相照，劫空相合，小限值天空，大小限相沖的運程，丟了國土，在烏江邊自刎而亡。綠珠而亡也是逢劫空運墜樓而死。

註③有地劫、天空同在命宮的命格是『半天折翅』格局的命格，會早夭，通常活不過二十歲左右。

註④有地劫、天空同在財帛宮和福德宮中，或一個在財帛宮，一個在福德宮相照的格局，是一生貧窮、下賤的命格，因為不進財，也留不住財。

天傷、天使

【原文】

傷使　天傷加惡曜仲尼絕糧鄧通亡　註①

【解析】

註①在逢到天傷加煞星的運程時主凶。孔夫子在大、小限逢七十三歲的天傷和武破運時，亡逝。在六十一歲逢劫空、天傷運時在陳國沒有糧食而挨餓。鄧通也是在逢擎羊、天傷運而夭亡。

命宮

【原文】

命宮

三夾命凶六夾吉

三夾是劫空火鈴羊陀是也。六夾是紫府左右昌曲魁鉞科權祿日月是也。若在命如凶多吉少，雖吉也凶。如吉多凶少，雖凶也吉，身命三方乃看廟旺。註①

命無正曜二姓延生

或過房出贅或又是庶母所生者。註②

命逢吉曜松柏清秀以難凋

身命官有吉星太歲，大小二限不利未為凶。必太歲二限有凶，又且本生人所忌方凶。註③

限逢凶曜柳綠桃紅而易謝

命逢凶限，廟旺猶發達，限凶星陷必凶。註④

命實運生如旱苗而得雨

如命限平常，三方有吉星，如限行美地為福。註⑤

命衰運弱如嫩草而遭霜　如命坐陷忌，歲限又逢惡曜，必刑傷死亡。註⑥

命有吉星官殺重，縱有財官也辛苦　註⑦

【解析】

註①三夾命是指火星、鈴星相夾命宮，和擎羊、陀羅相夾命宮，或是有地劫、天空相夾命宮，這三種情形，皆是主凶的，會有災禍發生，而且一生不順。六夾吉是指六種吉星相夾命宮的形式是最吉利的。第一種是紫微和天府相夾命宮。第二種是左輔、右弼相夾命宮。第三種是文昌、文曲相夾命宮。第四種是天魁、天鉞相夾命宮。第五種是有化科、化權、化祿相夾命宮。第六種是有太陽、太陰相夾命宮。此六種情形是主貴的命理格局，同時也會主富。

註②命宮中沒有正曜（指主星），為空宮坐命的人。（此包括了祿存坐命、左輔、右弼、文昌、文曲、天魁、天鉞、擎羊、陀羅、火星、鈴星、地劫、天空或天刑、陰煞、天姚、紅鸞）等坐命的人，同時也包括了命宮中根本沒有大星曜的這些命格的人，多半是不為自己母親帶大的人，或是過繼給人當養子、或是奶媽帶大，會是入贅別人家，或是姨太太所生的小孩。有時會隨母親改嫁，成為會改姓的人。

註③命宮中有吉星居旺的人，其人的命格和運程都會像松樹、柏樹一樣挺直秀美，生命力旺盛、不凋謝，會長壽，而且一生清貴，運程好。

註④人命在大運、小限、流年中逢到惡星如羊、陀、火、鈴、劫空、化忌時，縱然有桃紅柳綠的榮景，也是容易凋謝，好運不長久的。

註⑤如果命宮的星曜為平常很踏實的星曜，命格很穩重，再有好的運程，如大運、小限、流年好，則如乾旱的樹苗得到雨水的滋潤一般，人生就會有富貴顯達的好機會了。

註⑥如果命宮的星是陷落的，命格不強，而運氣又為空宮弱運或不主財的運程，或有煞星同宮的凶運運程，則其人人生就如稚嫩的草遭到霜雪的凌虐一般了。言其人逢凶運不佳。

註⑦命宮有吉星居旺，但官祿宮有煞星多的命格，縱使財帛宮、官祿宮還算不錯，有富貴，但仍是辛苦勞碌，無福可享的人生。

身宮

【原文】

身宮

三夾身凶六夾吉　夾忌劫空火鈴羊陀凶，六夾貴逢吉甚妙。　註①

身命俱吉富貴雙全　註②

身吉命凶亦為美論　註③

命弱身強財源不聚　註④

貪武守身無吉命反不為良　註⑤

【解析】

註①此和命宮一樣，有擎羊、陀羅相夾身宮，有地劫、天空相夾身宮，有火星、鈴星相夾身宮，此三種情形相夾身宮的，主凶，有災禍。

※有六種吉星相夾身宮的，主有富貴，為吉。例如一、有紫微、天府相夾身宮。二、有左輔、右弼相夾身宮。三、有文昌、文曲相夾身宮。四、有天魁、天鉞相夾身宮。五、有化科、化權、化祿相夾身宮。六、有太陽、太陰相夾身宮等六種情形。

註②命宮和身宮中皆有吉星居旺的命格，是富有貴顯全都有的命格。

註③命宮中有凶星或陷落的星曜，而身宮中有吉星，也算還是好的命格。因為至少其人還不致於太凶惡。

註④命宮中有陷落或不主財的星曜，而身宮中有主星居旺或財星、權星等吉的星曜，其人仍是有財也守不住的命格。同時財源也不好。

註⑤若有武曲、貪狼在身宮，而沒有其他的吉星同宮，其人的命格反而不佳。

※因身宮有武曲、貪狼的人，好戰、好貪，故不為良命。

納音

【原文】

納音

納音墓庫看何宮

如水生人庫辰遇財官或祿存尤妙，遇遷移耗殺同，為不美。 註①

生逢敗地發也虛花

如年納音水土，長生見甲申，乃金星為水宮之主，若安命在酉，敗地又逢羊陀忌耗七殺同，不美。得祿存吉。 註②

絕處逢生花而不敗

如水土絕在巳，安命在巳，得金星在巳，生水不絕方位得祿。 註③

【解析】

※此處所謂之『納音』主要是從八字學中而來的，以出生年份五行所做出的納音，例如甲子年、乙丑年為『海中金』，『海中金』即是納音年干支。

納音法顯示年干支表格

五行	干支	納音	干支	納音
金(商)	甲子乙丑	海中金	庚戌辛亥	釵釧金
	壬寅癸卯	金箔金	壬申癸酉	劍鋒金
	庚辰辛巳	白臘金	甲午乙未	砂中金
火(徵)	戊子己丑	霹靂火	甲戌乙亥	山頭火
	丙寅丁卯	爐中火	丙申丁酉	山下火
	甲辰乙巳	覆燈火	戊午己未	天上火
木(角)	壬子癸丑	桑柘木	戊戌己亥	平地木
	庚寅辛卯	松柏木	庚申辛酉	石榴木
	戊辰己巳	大林木	壬午癸未	楊柳木
水(羽)	丙子丁丑	澗下水	壬戌癸亥	大海水
	甲寅乙卯	大溪水	甲申乙酉	井泉水
	壬辰癸巳	長流水	丙午丁未	天河水
土(宮)	庚子辛丑	壁上土	丙戌丁亥	屋上土
	戊寅己卯	城頭土	戊申己酉	大驛土
	丙辰丁巳	砂中土	庚午辛未	路旁土

註①從年干支的納音來看墓庫是在那一個宮位中。

※水之墓庫在辰宮。火之墓庫在戌宮。金之墓庫在丑宮。木之墓庫在未宮。土之墓庫也在戌宮。因此如果有某人是壬、癸年所生的人，其墓庫在辰宮，又辰宮又是其命格中的財帛宮或官祿宮的話，又有化祿、祿存在辰宮，就主富。倘若是逢遷移宮在辰宮，而又是有破軍、七殺、擎羊、陀羅在辰宮的遷移宮中，這就不好了，因為殺、破、狼皆好動之星，入墓庫，就受限制不吉了。

註②即是出生年份納音是木年的，命宮又居於子宮。出生年份納音是火年的，命宮在卯宮。出生年份納音是水年或土年的，命宮在酉宮。出生年份納音是金年的，命宮在午宮。上述這四種情形的人，即是『生逢敗地』。因為命坐子、午、卯、酉四個桃花沐浴、敗地之宮位上，這些命格的人，即使會發福發財，也會像曇花一現，很快就消失了。（請參考生年納音來取的五行長生列表圖）

以生年納音來取的五行長生列表圖

生年納音	生	沐	冠	官	旺	衰	病	死	墓	絕	胎	養
木年	亥	子	丑	寅	卯	辰	巳	午	未	申	酉	戌
火年	寅	卯	辰	巳	午	未	申	酉	戌	亥	子	丑
土水年	申	酉	戌	亥	子	丑	寅	卯	辰	巳	午	未
金年	巳	午	未	申	酉	戌	亥	子	丑	寅	卯	辰

註③如果命宮剛好坐在自己出生年份納音五行的絕位，但有長生的星曜在命宮中，即是『絕處逢生花，而不敗』了，會死裡回生，命運又轉好了。

（如果納音是水年或土年，絕位在巳宮，又坐命在巳宮時，巳宮屬金，有金星在巳宮中坐陣，金水相生不絕，就是以方位來得到財祿，故此命也是不錯的。）

※例如生於丙子年，其納音為『澗下水』年，屬水之年。查『生年納音五行長生列表圖』，得知絕位在巳，若是武破坐命巳宮，或紫殺坐命巳宮，武曲、七殺為金星，

可生水，就可得祿。財祿也就不錯了，此命格比起武破、紫殺坐命亥宮的人要富裕得多。

財帛

【原文】

財帛

日月夾財加吉曜不貴則富　如財帛宮在未，天府星守日在午，月在申夾財是也，餘倣此。註①

左右財官兼夾拱衣祿豐隆　如左右同財帛宮，又或財宮在丑，日在子、月在寅，乃是夾也。註②

【解析】

註①有太陽、太陰相夾財帛宮，而財帛宮中又有吉星的命格是若不貴顯就會是很富足的命格。

※例如武貪在丑宮為財帛宮，有太陽居旺、巨門居廟在左邊的宮位，有天同、太陰居廟位在右邊的宮位，前後相夾財帛宮（此為紫殺坐命巳宮的命格）此等即是若不貴顯就會富足的命格。

※原文中小字解釋中『有財帛宮在未宮，有天府在財官，日在午、月在申夾財』之命格，因本命宮是天相坐命亥宮，只居得地之位，而且相夾之太陰居平，而官祿宮又是空宮，故財富貴顯實際並不理想，故此改正。

註②如果有左輔、右弼在財帛宮或官祿宮中，又或是有左輔、右弼相夾財帛宮或左輔、右弼相夾官祿宮這四種命理格局的人，會有衣食之祿很豐盛的人生。

※以左輔、右弼同在財帛宮或同在官祿宮為最佳命格，財祿會較大，事業發展也較大。左右相夾財帛宮，即是左右在子女宮或疾厄宮中。

左輔、右弼在閒宮，較無用，財祿較小。左右相夾官祿宮，即是左輔、右弼在僕役宮和田宅宮之中，有朋友、屬下相助生財，會比前者富貴了。家財也多一點。

財宅

【原文】

財宅

紫微輔弼多為財賦之官 註①

武曲太陰多居財賦之任 不是武曲、太陰同限度，取財帛宮遇武曲或遇太陰星，主為人多居財賦之任。 註②

紫府武曲居財帛更兼權祿富奢翁 註③

武曲貪狼財宅橫發資財 忌空亡。 註④

祿存守於財宅堆金積玉 註⑤

【解析】

註①命宮中有紫微和左輔、右弼同宮的命格，多半為財政、賦稅的官吏。

註②命宮中有武曲星、太陰星的人，多半會做財經、賦稅、會計、出納之類的工作。

※命、財、官三宮有武曲、太陰居旺的人，任職財經，與錢財有關工作的人，較多，較可能。

註③命格中有紫微、天府、武曲在財帛宮，且要在廟旺之位，再有化權、化祿相隨的人，會是富翁級的人。

※財帛宮有紫微化權、武曲化祿或武曲化權者即是。

註④有武曲、貪狼居廟在財帛宮、田宅宮，即是『武貪格』暴發運格，會暴發財富。

※其實武曲、貪狼同宮或相照，在辰、戌、丑、未宮皆會有『武貪格』暴發運。但不能有化忌、劫空同宮則不發。有羊、陀為破格，仍會發但有較慢、較小之趨勢，若再有火、鈴同宮或相照，為『雙重暴發運格』。

註⑤有祿存在財帛宮或田宅宮，可積存錢財，較富裕。

※要注意祿存依同宮主星是否為財星居旺，或主不主財而有財富的大小之分。

財福

【原文】

財福

權祿守財福之位出世榮華 註①

劫空臨財福之鄉生來貧賤 註②

【解析】

註①有化權、化祿在財帛宮或福德宮的人，有高出一般人的榮華富貴。

註②有地劫、天空在財帛宮、福德宮的人，是錢財不易得也守不住的人，天生貧困。

22. 批命篇(一)

【原文】

批命(一)

紫微守命坐寅方，天府同宮最妙。左右昌曲合，加會兩相幫。七殺朝拱掌握威揚，寅午戌合，星斗明朗。再詳命主某星循良壽元，乘旺富壽無疆。台輔暗拱、景星鳳凰、天門月照、聲價琳瑯、光射斗牛、普照四方。身星坐某福履康莊、五行無剋、藍玉生光，注人瑰瑋、邦家柱梁。佳人破軍、重卜坤裳、四官坐貴、三杰傳芳。

茲行某㘳吉星之鄉，名登仕籍日、出扶桑、崢嶸頭角、烏帽錦裳、雙南溢笥、九粟盈倉、維皇眷德、福壽陵崗、蟾從蠋後、愈暢輝光。來春某月。左輔文昌化科得令，政績著揚。某年某星，夜雨滯湘、財丁損抑、骨肉參商、愬愬終吉、視履考祥。

喬遷某限，彩鳳翱翔、出司郡佐、報績聖皇、希蹤卓魯、接武龔黃、部院綵檄、交馳旌揚、名崇五岳、利湧三湘、肖嗣脫穎、蘭吐天香。某限逢陀，尤見剝床。某星救護、薏苡蕭墻、秋風乍起、蓴鱸味香、逢冠高掛、榮旋錦堂。十年某限，福壽寧康、重裀列鼎、冠蓋鏘鏘、天壽星輔、愈熾愈昌、華封又祝、嘖嘖道傍，惟到某星，雲掩無光、梁木其壞、哲人云亡。

【原文解釋】

批命㈠

紫微坐命寅宮，有天府同宮的命格是最好的命格。再有左輔、右弼、文昌、文曲在三合宮位或對宮中出現，是十分有幫助的。七殺星會在對宮朝拱，可掌握權力、聲威。在寅、午、戌三合宮位中有武曲居廟在財帛宮，廉貞（居平）、天相（居廟）在官祿宮，三合宮位居廟旺的星曜總共加起來有四個之多，是非常的旺盛、命運好的。論命必須再詳細觀察命主星是什麼？命主是貪狼、祿存這些星，就會長壽。這些星要居旺，就會福壽康寧的活很久。

命格中有台輔、封誥來拱照，其人就會有高尚如鳳凰般的儀表，相貌堂堂，聲音言語，聲調非常好聽，氣勢雄偉，氣韻旺，『精、氣、神』十足，彷彿神光四射一般。身主若是天梁、天相、文昌、天同、天機等星，又是居旺的話，就會一輩子有福氣，行好運。倘若八字五行也沒有相互剋害的話，其人一定會像寶玉會發出美麗的光輝，像人驚嘆如瑰寶一般，而且會做國家的棟梁。但是紫府坐命的人之夫妻宮是破軍，會再婚（有多次婚姻，夫妻運不美，不能白頭偕老）。但是仍會有很好的子嗣，都能坐上官位，三代都能流傳好名聲。

在行運方面，要是行運到吉星多而旺的運程，例如是貪狼運、天梁運等，就會名列高官之位。在中華民族的土地上顯露頭角，戴官帽，穿高貴的官衣。並且財富很多，倉滿庫盈。這是上天眷顧之德惠，使其人福壽都很高，並有隨從隨護左右，非常的風光。在來年春天的時候，有左輔化科或文昌化科居旺得令的時候，在主政的績效上有聲名、卓著的好采頭。在行到弱運的時候（例如行到天機陷落運和破軍運）就會淒清，並有錢財、人員的折損、兄弟姐妹和子女這些骨肉之間的磨擦，會讓其人心境不好，但最終能吉祥度過。

這要仔細參考分析才能斷定清楚。

當人運程有變動的時候，在好的限運裡，會有吉利的象徵，像是有彩鳳飛舞一般，這通常是有升官的跡象，例如外放出去做郡縣的輔佐、或是向高層報告業績、或是外放邊疆、或是接掌權力、兵權，或是到部會、院會、納采行文，或是有名聲遠震海內外，或是有財運突發的事件，或是有賢孝子孫脫穎而出，功成名就。

當人的運程走到陀羅運等衰運時，就特別有耗敗不吉的事了。也可能有吉星來救治，但也是冷颼颼的運程，彷彿有秋風突然吹起，只能將官帽高高掛著，在家中享受鄉野情趣，等待重新風光的一天。

人的大運十年中，有好運吉星時，是福多、壽多，寧靜康泰的，親戚們皆居要位，高官顯赫，冠蓋雲集，再有天壽星來輔助，就愈發昌盛壽長，使路旁的人都嘖嘖稱羨。但是到了十年大運是弱運時，運氣就不好了，人形也沒有了光輝，身為國家柱樑的人，身體也不好了，壞了，這就是其人要死亡歸土了。

※註　薏苡蕭牆：薏苡是薏米。蕭牆：屏障。以薏米做屏障，言其不可擋災。

※註 華封又祝：華，地名，今陝西省華縣。封人：在華縣守封疆之人。原句為『華封三祝』。為華縣之封人祝唐堯：一、祝壽。二、祝富。三、祝多男子。引用為祝壽的頌語。

【解析】

※紫府坐命寅宮的人，財帛宮是武曲，官祿宮是廉相，一生豐衣足食，且有『武貪格』暴發運在財、福二宮，一生有多次暴發機會，不但可以增加大財富，亦可有大成就。但一定得八字生得好，五行無剋才行。否則亦是平常人士。有左右、昌曲加會固然較佳。此文中稱寅、午、戌宮三合有星斗明朗為吉命。但是文昌、文曲在寅、午、戌宮居陷，並不好，故有矛盾之處。應以有左輔、右弼為佳。

※紫府坐命寅宮，為『日月反背』之格局，與父母皆無緣，並且在行運上，青少年時期皆困苦。尤其是陰男陽女，逆時針方向行運，要到四十五歲之後運程才佳。由此可見八字五行定有相剋。只有陽男陰女順時針方向行運較佳，但也是青少年時代孤僻、無財，要至二十一歲以後才開運。

※紫府坐命寅宮的人，六親宮中只有僕役宮較好，是天梁，到外面去會得長輩貴人的提攜，教育而成為能做大事業有成就的人。與家中的父母、兄弟、配偶、子女皆不和。父母是窮困、感情淡薄的人。兄弟無緣、沒出息。婚姻有再婚的情形，而且配偶多半是不良的人，一定會讓他破財才能結束婚姻，並且會有婚姻關係結束後仍要

養他們。與子女也不親密，子女也是成就不高的人。因此整個家族實際上都靠紫府坐命寅宮者，這一個人在支撐。不過紫府坐命寅宮者，若是陽男陰女順時針方向行運時，一生平順，步步高陞，且有奇遇，富貴壽長。

※紫府坐命寅宮者，甲年生的人，會有祿存在命宮，但有太陽居陷化忌在子女宮，會相照田宅宮，有不肖子，家財不保之憂。乙年生的人，有紫微化科在命宮，人會長得氣派、美麗、氣質好，但有擎羊在福德宮，又有太陰化忌在父母宮，小時候生活得很辛苦，與父母不和，尤其和母親不和，一生辛勞，多憂慮，無福可享，財祿也會少。生在丙年有廉貞化忌、擎羊在官祿宮，事業運不佳，沒有成就。生在丁年，有巨門化忌在田宅宮，有房地產就會有是非災禍，財庫有漏洞。生在戊年有擎羊在官祿宮，但有貪狼化祿在福德宮，財富能增加，但事業上很辛苦。生於己年最好。『武貪格』是武曲化祿、貪狼化權，定能成為億萬富翁。庚年生人亦佳，有武曲化權在財帛宮，有祿存在遷移宮，亦能掌握大財富。辛年生的人，有擎羊在財帛宮，但有巨門化祿在田宅宮，能有眾多房地產。手邊的錢財現金會較少。壬年生的人，有紫微化權在命宮，但有武曲化忌、陀羅在財帛宮，一生手邊錢財不順，宜公職，拿薪水較吉，主貴不主富。癸年生人，有貪狼化忌在『武貪格』中，沒有暴發運，但有巨門化權在田宅宮，也會增多房地產，而且夫妻宮有破軍化祿、祿存，夫妻宮會好一點。

【原文】

又

祿存午垣巨門，石中隱玉，名彰逢生無尅，理參詳三方四正。吉星壽等陵崗。右弼歸垣，互守化權，掌握鏗鏘，身宮魁鉞拱，貴格豈尋常，注人丰神，卓偉表表，景星鳳凰，胸懷今古富琳瑯，功名應有待，何必恁惶惶。次究星命。某星逢得地，高強奇哉！金水會蛇鄉，文昌文曲盡光芒，加會得照合，定擬發科場。官福二宮星美，生平作事端莊。

身居奴僕靜中忙，妻宮逢七殺，正副免刑傷。子宮擎羊作踐，先虛後實輝煌。現今限步正輝光，早奪焚舟計，雷劍吐光芒。小限恩光台輔，文宋取試，名揚觀場，補廩喜洋洋。流昌曲星集，誰識一穿楊。

某限行來顯達，中年貪武為良。門庭生色喜非常，財源春水漲，志氣吐肩揚。某年忌某星宜慎內外傷憂，尤宜懲忿懲，親善遠奸狂。某仍交來七殺紫微，制服禎祥，巍然超拔聲名香。拜官居百里，德政媲龔黃。某年有所畏忌，須知到此驚慌。尚喜某星為福，依然福履無疆。

行交某限十年康，部院馳綵徼，黔庶植甘棠。某限桑榆暮景，東籬陶菊金黃，尊鱸美味逕三荒。二疏從解組，看子紹書香。某年某星為忤，某星相黨相戕，俄然一夢熟黃粱，哲人其萎矣，空為裂肝腸。

【原文解釋】

有祿存在午宮相照的巨門坐命者，是『石中隱玉』格，（此指巨門坐命子宮的命格），要逢吉星同宮，不能有煞星同宮相剋，再詳細觀察三合宮位、四方宮位有吉星多的，就會有長壽的跡象。若有右弼在寅宮三合照守。本命宮又有化權星（癸年生者有巨門化權在命宮），就會有主掌大權在握的機會。在身宮中也要有天魁、天鉞，來拱照命宮，這就是主貴的格局，不是一般尋常的命格了。此人會有丰彩和神氣，儀表端正，氣派，也有光明磊落的胸懷，並且也學富五車，家財萬貫。做官的官位一定有，是可以等待的，又何必內心惶惶，擔心呢？其次要看星的旺度。命格中有火星、鈴星在巳宮居得地之位時，其人就有『火廉貪格』或『鈴廉貪格』，就會有暴發運，就是非常高強奇妙的命格，一生在事業上和財富上會大起大落。倘若再有文昌、文曲和暴發格一同在巳宮出現，一定會在國家高等考試中榜而得到高官的位置。

只要官祿宮、福德宮二宮的星曜是吉星，而且居旺，其人一生就會做事正派、端正、莊嚴、守規矩。（巨門坐命子宮的人，官祿宮是太陽居旺，福德宮是同梁，皆吉星。）

凡是人命格中身主星和僕役宮中的星曜相同的人，就是在平靜生活中又很勞碌的人。夫妻宮若是有七殺星的人，在工作的職位上最好有正位和副手兩個位置，才不會有刑剋傷害。（例如自己坐正位（正經理），要找副經理、副協理來幫助。）子女宮有擎羊星時，其人在工作上是先不實在，看不到成果，然後才慢慢有業績成就，漸漸能達到輝煌的事業。（因為子女宮也代表人之才華的展現。有擎羊星時，不但有子女相剋之困擾，且有才華受困的問題。）倘若目前現在行運的運氣正是非常的好，就要早點做最壞的打算。如此才能發奮努力，使才華顯露，光芒四射。在小限中逢到有恩光、台輔兩顆星時，會有考試中榜而揚名的機會，或是看機會而補實缺做官而喜氣洋洋的機會。有流年文昌、流年文曲星逢到的流年運程中，誰也沒想到你會一舉成名的。

某些限運是要在中年時期才會顯達的。『武貪格』是最好的暴發格，行運到武曲運，貪狼運或武貪同宮的運程，再有完美的『武貪格』，就會暴發，光耀門楣，使家庭生光。並且更會得到非常大的財富。這時候你就可以揚眉吐氣了。到了不好的運程時，會在衰運時要小心某些事，例如廉貪、廉殺、武殺、武破、廉破等流年運程。要小心謹慎，會有內外交加的傷悲和煩憂的事情發生。尤其要警戒，不要隨便發脾氣，要小心對待對你親近和對你好的人，要遠離奸佞的小人和狂妄份子。倘若逢到七殺運，有紫微在對宮或同宮（紫殺運）時，就能剋服而吉祥禎寧，也會有巍然豎立高超的好名聲的機會。也會做百里之官（現今縣長、鎮長之職）。也會有良好的政績，媲美前人。在命格中要知道那些年份是不好的，會發生讓你驚慌的事。也要知道那些星是好的，可以解救厄運，依然可享福祿、太平無疆。

在人的大運中，行運逢到吉星的大運，會有十年的平安康泰。會有部會、府院快速的給你行文，表示升官快。運氣會黑裡翻白，由黑面的下等人變成上等人。在人的大運中也有某些運程是過鄉野生活，看日暮之景色，在東籬下種種菊花，吃些野味，過閒雲野鶴般的日子的運程。要再三加以疏通，得到介紹工作的信函，是非常不容易的，捧為至寶。在某些流運中有一些惡星相伴，幾顆星相互抵制相剋，這種運程就是大夢一場，能幹的人空無用武之地，而撕裂肝腸，肝腸寸斷了。

【解析】

※此段文字中，一方面在講『石中隱玉』格的巨門坐命者。一方面在講人之大運運行逢吉者，升官發財。逢凶者，無財、無能、無機會的狀況。

※『身居奴僕靜中忙，妻宮逢七殺，正副免刑傷。』此段文字談的是人之事業成就的問題。

△『身居奴僕靜中忙』一句中，『身』字並不是指身宮，因為身宮只會落在一、命宮。二、夫妻宮。三、財帛宮。四、遷移宮。五、官祿宮。六、福德宮。（也就是只會落在一、三、五、七、九、十一等宮）不會落在第八宮僕役宮。

此句有二解。一、是本書前面（在上、中、下冊中）有云：廉貪坐命的人，多會做僕人，女為娼婢，倘若是廉貪坐命的人，就會有做僕、婢之命格，自然是在別人家過平靜生活，但十分忙碌的了。二、是本文所做之解釋，為身主和僕役宮的星曜相同，就會在安靜的生活中很忙碌了。以巨門坐命子宮的人來舉例，其僕役宮是空宮，會進入的星曜有火星、鈴星、文昌、文曲、祿存，而身主和僕役宮會共同出現的是火星、文昌。因此巨門坐命子宮的人，倘若身主是火星，或文昌的人，就是生活平靜，但忙碌、操煩的人。

※『妻宮逢七殺，正副免刑傷。』此句也指的是在事業方面的問題，只要縱觀前後文即可瞭解。某些人解釋成，夫妻宮有七殺星的人，會分離，要娶一妻一妾才會免刑剋。此句在此，做此解釋則不恰當。而是以在工作職位上，要有副手為佳。否則下句『子宮擎羊作戰，先虛後實輝煌』便無法連貫了。

△夫妻宮是對照官祿宮的宮位，因此也影響工作甚鉅。自己坐正位，再有副手，就會增加事業的旺盛，就和夫妻宮有左輔、右弼同宮一樣有好的助力了。

【原文】

又

破軍入廟勢汪洋，專權掌握振八方。七殺稜稜司正令，貪狼照合得相幫。分明有倚無偏黨，文武林能佐廟廊。制服擎羊還有氣，凜凜威風孰敢當。次究星盤無陷落，水歸亥子定榮昌。命主星臨官祿位，烏紗黑髮不尋常。文昌七殺臨旺地，喜居巳酉得循良。入廟相生宜子午，重權高爵不須量。斗星布列腰金客，數局推明衣紫即。注人志氣凌霄漢，魁梧儀表貌堂堂。椿樹萱花沾寵渥，堦前棠棣並芬芳。佳人天相星偕老，森森丹桂紫微郎。試看於今行某限，星佳福集助身強。流年奇遇科權祿，科甲文昌會吉祥。利鎖名強俱得意，爭看騰踏早飛黃。金門待漏迢迢夜，榮錫烏紗到鬢霜。就此拜官榮梓里，牛刀小試向琴堂。某年交卸前運後，吹徹梨花覆道傍。某限交來某星好，乘風之鳥順風船。六六東西仍謹慎，休臨蜀道與羊腸。親疏內外防憂併，刮地西風起白揚。再交某限輔弼美，輔身守照喜洋洋。調和鼎鼐為舟楫，金甌覆姓理朝嗣。還看肖嗣遊上國，封章又賀沐恩光。某限猶忌作禍，寒蟬哽咽噪斜陽。傷情淚滿關山淚，陡頓災生有幾場。某年行來仍舊好，赫赫聲名震朔方。仕路悠悠八卦外，功名衣錦得還鄉。六旬幾歲將傷壽，花落無聲滿地香。雲暗鼎壺猶去遠，月明華表鶴歸忙。

【原文解釋】

破軍居廟入命時，其人是氣勢磅礴的，會具有無比的威權集於一身而做統領，讓四面八方的國內外人士臣服。七殺星坐命的人是性格有稜有角，外表威嚴冷峻的樣子。專門會執行光明正大、正直的言辭和嚴厲的態度。有貪狼星在三合宮位相照守，貪狼是好運星，是非常有幫助的。（此處是談到人命格正坐於『殺、破、狼』格局時）凡是『殺、破、狼』命格的人，都有強勢的性格和運勢可倚靠，做人處事不會偏袒。不論做文職、武職皆會有高官顯位或輔佐國政。殺、破、狼命格的人能制服擎羊這顆凶星、刑星，還能戰勝它，是威風凜凜，無人能比的。其次要看命盤中命宮的星曜有沒有陷落才行。命格中屬水的星，要坐在亥宮、子宮，一定是會榮耀昌盛的。（此指破軍星坐命之命格）。命主星與官祿宮有相同星曜的人，不同於常人，很年輕便會有官位了。文昌、七殺居旺入命宮時，要同居於巳宮、酉宮，有文昌居廟的人，是性格循規蹈距、善良的人（此指紫殺加文昌的命格和武殺及文昌的命格）。破軍在子、午宮為居廟相生的命格，這些命格都是可以位高權重，不須要多想的。在命盤中星斗格局布列得好，便會有大財富。命數格局展現的很清楚明朗，沒有刑剋、傷害，就會做官有官位。並且會有壯志凌霄，體型高大魁梧，儀表、相貌俊美、威嚴、氣質高尚，是極有長輩貴人運，可以得到上司、主政者的提拔、寵愛、眷顧，升官很快的。並且前途無量，像是屋堦前開滿芬芳的花朵一般。夫妻宮有天相星時（此指命宮有七殺坐命的人，夫妻宮皆有天相星），是會有美麗的妻子一同相偕白首。其中以夫妻宮有紫相的命格，會有十分俊美、人才出眾的配偶。

要看人的運氣，就要先看目前正走於那一個大限運程（指大運）。大運中，有吉星聚集的，便有吉祥、福氣使其人身體和命運都好、都強盛。在流年運程中逢到化科、化權、化祿時，又有管科甲考試的文昌星來相會是非常吉祥的（此指有『陽梁昌祿』格）。有這些好運時，在富貴、錢財、聲名上都有強勢的發展，讓人得意快樂，一定會早早的就飛煌騰達了。在經過考試、苦讀的漫漫長夜之後，一定會得到很好的官職，可以一直做到兩鬢斑白而退休。在這個流年中就會得到官位，榮耀鄉里，並且牛刀小試的稍微展現一下自己在從政方面的才華。在某一個交卸大運之前運和後運之間的時候，運氣會有一些暗淡不吉，像是梨花被吹落掉在道路之旁，受人踐踏一般。但是大運交到好運，有吉星時，就像乘風飛翔的鳥和搭順風之船一般，官位升得很快了。雖然是非常順利的時候，仍是要謹言慎行而小心的，不要走曲折難行的小路，和羊腸的小徑，比喻不要做壞事。也要預防家中的人，及和自己親密之人或不親密的人，內外一起發生讓你憂慮的事。無端的像刮到西風，使白揚樹的花葉飛滿天空（比喻突發事件而不吉）。又再交運到有左輔、右弼的運限是很好的運限。有左輔、右弼這些輔星來守照，能得到平輩貴人的幫助，凡事順利，喜氣洋洋。能做丞相，治理國事，像船上的楫槳一般，能指揮國家的大方向。也能夠不用自己人，大公無私的選用人才，來治理訂定國家的法律、規條。

並且還有賢孝的子孫能在上層社會中有名聲，可得到好的官位職等。在走到衰退的大運時，便要小心有煞星作惡有禍端了。這就像有零落的蟬聲在日暮西山時的景況一般，這會讓人有懷念往日的繁華尊貴而情傷落淚，也會突然發生幾場災禍的事情，讓你更難過。在某些大運走起來仍舊是好的時候，聲名亦可遠播。官途悠閒，無慮，可以依錦還鄉，到六十幾歲時，年紀已老邁了，名聲仍好，但門前人聲已寂寂少了。以前的功名成就已離得很遠，權力也消失遠去了，此時是油盡燈枯，準備歸西，一生命運終結的時候。

【原文】

又

星守命性極靈，金白偏宜水愛清。金生水垣得依仗，文昌及第是蘭馨。今日暫為白屋子，欣看他年榮祖親。注人顯異魁梧表，詞館文章可立身，堂上椿萱盡怙恃，湊雲鴻雁喚來賓。佳人早中雀屏選，繼後徐卿拔等倫。且道於今童庚事，月彌百日稍邅迍。一週千日仍災咎，花防驟雨損根荄。幸賴星盤有吉曜，妖霾掃盡見詳氛。年臨幾歲初行限，萬紫千紅總是春。某年祿馬逢地空，中年皓月被雲迷。年過二八行某限，廉幕風輕蘭麝薰。洞房花燭搖金影，盈門百輛車聲鄰。書義精微勤究謀，放心收歛莫他求。某年某星花上錦，災消福集喜頻頻。若問終身非小就，何讓當年春楚申。某年某二星守，祿馬扶身喜氣臻。時習工夫勖勉力，養成頭角沖牛斗。脫交某限某星亮，鹿鳴佳晏賦詩歌。從此某地文運轉，廷式對策金鑾殿。宮花斜插醉瓊林，滿門富貴咸稱羨。某年某限須有厄，未免災疾與丁憂。交衣某限非常妙，高遷爵位秩加增。君家何幸有此際，三四十年祿位峨。生前姓字題金榜，身後文章不朽磨。

【原文解釋】

命宮中有文昌星在命宮的人，是性情極為靈巧的人，文昌星是金星、太白之星，最喜歡金清水白，有旺氣。有金水相生的命格就有依靠、扶持，能夠文章昌盛，考試及第等美好的運氣。雖然現在窘困，但日後一定會光宗耀祖的。文昌坐命的人，有高大魁梧，外貌莊重，不同於常人的儀貌外表。可以靠寄文章或教書來顯達。家中亦有父母會慈愛的照顧，並且父母會找到其他的貴人一同來照顧幫助此人。此人會很早就結婚成家，此後其人會繼續努力，成就超出一般人。現在暫且說說此人孩童的時候的事情！在此人出生剛滿月到百日的時候，會稍為有一些小病災。出生後到三歲時，仍是不順，有小災。就怕幼時像花碰到大雨一般會損傷到根莖，不能存活。只要命宮中有吉星照守，就會一切吉祥，陰霾的運氣一掃而空，要看他是幾歲開始行運，（例如水二局是二歲行運，木三局是三歲開始行運……等等）。行運以後，便是一切順利，像春天的花朵綻放一般，快樂祥和了。當此人行到『祿馬逢空』的運程時，中年時期會有一段烏雲遮月不吉的運程。此人在年紀過了十六歲以後行好運時，會去做館教書，也會結婚入洞房，會門前車水馬隆，名氣響亮。並且其人讀書精微、學識豐富。是可以讓父母放心，自己專心先讀書，不要東想西想的。到了大運更好的年份，就有錦上添花的事了，災厄都消除了，福氣集於一身，喜事頻傳。倘若要說其人一生的成就非同小可，是絕對不讓當年楚國的春申君的。到流年運程有祿星、天馬相守的運程時，有祿馬交馳，喜氣就會降臨了，以前學習的工夫，現在就可展現，可顯露頭角，露出自已的才華光輝出來。在交脫大運是吉運，流年運程又是吉星高照的時候，就會有貴人請你赴宴展露文采、詩歌，從此主文的運氣轉好了，可以參加國家特等考試而中榜，得到主政者的欣賞，一下子成為富貴皆高的人，被眾人稱羨。在流年運程有起伏的時候，會有一些小災厄，大概都是一些身體上有疾病，或是父母亡逝要丁憂的災厄。又交到另外一個大運是吉運時，是非常美妙的，會官位高升，等級層次有升遷。你是有何等幸運的際會呀！一生中有三、四十年具有高官顯位和富貴，在活著年輕的時候，會高中上金榜，名揚天下。死後也會有文章蓋世，有不朽的文名留於後世。

【解析】

※文昌坐命的人，是空宮坐命的人，在巳、酉、丑宮居廟，在申、子、辰宮居得地之旺位，皆會命格高。但要看對宮有什麼星，和四方、三合宮位中照合的星曜，是否有科、權、祿，和吉星，才能定出此人命格高低出來。

※文昌坐命的人，以文職為佳。八字要好，金清水白。命宮就會居於旺位，一生就會有大成就。幼年時，因文昌是時系星，不強，命宮無主星，故幼年運不佳，身體不好，行運後，漸可順利。文昌是臨時貴人，有突發時運上的風雲際會，必須命理格局好，才會有長年富貴和金榜題名和身後不朽的名聲。

【原文】

又

天相未垣真可羨，對宮某宿喜朝垣。身星輔弼來加會，三方會吉無刑戰。台輔到命不逢空，盛世英才從此見，焚膏繼晷向芸窗，篤志穩期登月殿。趨庭聞禮與聞詩，少年懷抱溫公見。機關百出邁群兒，智識謀深應不淺。雙親百歲沐恩榮，棠棣田真可共倫。佳人金石同偕老，丹桂傳芳朵朵馨。某限某星善入廟，青燈夜雨要留心，氣質陶鎔人俊雅，二八遊芹壓世英。某限之年廿五，文昌科祿吉星臨。百步穿楊應一箭，春闈秋榜占先魁。承恩出仕花封縣。重陞重擢樂陶陶。銀帶換卻金帶旋，六六前後六七傍，惡星作禍憂當見。某官某星喜又來，滾滾紅塵拂人面。官居憲副卻歸來，稀壽慳慳猿鶴怨。

【原文解釋】

天相在未宮坐命是非常令人羡慕的命格。對宮有紫破相照，而紫微居廟，破軍居旺，外在的環境是高貴而不拘泥的環境，非常適合打拚、奮鬥。倘若再有左輔、右弼在命宮或三合宮位來加會。在命、財、官三合宮位中沒有煞星相戰刑剋，又有台輔星在命宮，而不會有天空、地劫在命宮。有上述這些條件的人，就會是繁盛時期的英明才俊之人。日以繼夜的努力，發奮讀書，勤勞並立定志向，就一定會有成就，登上高位。這種命格的人，會知書達禮，在少年時代就極端有見識、智慧。會有高深的深謀遠慮，高出同輩的少年。也會有極高壽至百歲的父母一同享受此人所帶來的榮華富貴和榮耀。父母與其人情深親愛、共享天倫。在夫妻運方面，有美麗的妻子情義堅貞的共偕白首。此人才華洋溢。

天相坐命的人，在走同梁運時，仍是要小心，此時此人會有溫和，討人喜歡的性格和俊秀文雅的外表。在十六歲在外交遊時，會勝過外面的少年。在二十五歲時走『陽梁昌祿』格，可一舉應試成功，榮登金榜。可出仕做官，封為縣令（縣長）等官。慢慢一次一次的升官，是非常快樂的，慢慢升到高官，戴金帶而歸。在六十六歲至六十七歲的時候，逢到惡星的運程，會有禍事或憂慮的事情出現。等到下一個運程又有吉星出現時，又會有吉祥、繁盛的景況了，官居高位而退休，一輩子活了極高的壽命，讓長壽的猿猴和鶴都自嘆不如。

【原文】

又

貪狼遇火局申垣，戊己生人合格。妍破軍、七殺相扶照，何方惡殺在，任水纏，據此斗數之理論。青年擬著祖生鞭。魁鉞三合身命內，科祿夾命主希賢，前後星曜有循序，何憂富貴不雙全。椿樹萱花臻福祉，階前棠棣樂翩翩。佳人賢淑同偕老，繼後雙成朵朵鮮。且論如今在某限，猶如花柳競春妍，放心收卻歸腔子，須坐韓氈與鄭氈。越歲相看符吉夢，笑賀重聞湯餅筵。某星到某文星，光射斗牛邊，芹宮水煖魚龍化，名掛儒林翰墨香。脫某星看某年近，乘風休駕子陵船。某年喜會某星美，食廩科場妙莫言。花如羅綺春光艷，又喜重重俊賢。四八東西左與右，喜中尤慎有憂愆。某年流祿科星集，鹿鳴晏上許爭先。金勒馬嘶芳草地，玉樓人醉杏花天。拜官百里聲名振，子繼書香孫又賢，二十餘年重擢職，佇看金帶繫腰纏。壽元某歲裡談笑入桃源。

【原文解釋】

命宮有貪狼和火星同坐申宮的命格，是『火貪格』暴發格的格局，以戊年生的人有貪狼化祿在命宮，己年生的人有貪狼化權在命宮最好。並且要研究破軍和七殺是處在那一個宮位來三合相照而扶助命宮的。在這個命格中，破軍在辰宮，七殺在子宮，這兩個煞星級的星曜都是在屬水的子宮和帶水的辰宮，是非常好的。（因為破軍五行屬水，七殺五行屬金，金水相生之故）這就是斗數中彼此相生之理論。

這個命格的年青人需要父母、祖父輩的嚴格教誨，再有天魁、天鉞在『命、財、官』或『夫、遷、福』等宮之內，再有化科、化祿相夾命宮（丁年生的人有太陰化祿、天機化科相夾命宮）就會有希世賢能之才。在命宮的前幾宮或後幾宮，星曜排列很規則（例如福德宮是紫相，父母宮是機巨，兄弟宮是日月，夫妻宮是武府，子女宮是天同），又何必憂慮沒有富貴雙全之人生呢？這個人就會有非常好的父母來照顧，有天倫之樂，有兄弟和樂，也會有美麗賢淑的妻子共偕白首，會有一對子女，活潑可愛。要是說目前此人正走在好的大運上（指機巨運或日月運），外面的世界雖繽紛，但要收心。必須好好讀書，過幾年看起來還平順的日子，吃一些湯餅之類普通的食物。接著走到紫相運，或武府運中的巳年，又有文昌在流年中時，便能夠魚躍龍門，考試登榜，成為高等學者，或做國家高等學府中的老師有文名了。在天梁陷落運程中，一切要小心，像坐乘風船，否則有翻覆的可能。

若是在天同運中，有文昌同宮，是非常美妙的，會在考試上得到職位，而有食祿。運氣非常好，人形光顯，又能結交才俊賢能之士。在四十八歲的年紀左右，逢到破軍運或七殺運程時，是吉中帶憂慮的運程。在走到卯年，在卯宮的運程中，因為三合方位中有流年太陰化祿、流年天機化科來三合照守，會在學術界展露頭角而爭光。此時是一片大好的氣象，會做百里之官（做縣長之職）而名聲大振。此時子孫會讀書讀得好，父慈子孝。在這二個大運連續有二十多年會一直漸漸升官，有多次拔擢升級的美事。此人官位會愈來愈大愈高，壽命在八十左右安祥的壽終正寢。

【解析】

※古人以讀書做文職、做官為貴命，雖然貪狼在申宮居平，火星在申宮居陷，有『火貪格』的暴發運，並不如火貪在寅宮的暴發運強。但『殺、破、狼』格局相照守的好，以及有科祿權連成一氣，仍會在文職上有大發展，而且具有十分美滿的家庭運。倘若沒有上述的條件，此人多半會做武職，一生成就也不會太高了，而且家庭中的關係也不全美，此人會靠配偶生財、生活。

【原文】

又

命旺身強格理良，三方四正吉星彰，天梁廟午守命局，化祿清高貴莫當。天壽台輔強左右，夾局喜非常。化祿化權交加拱，定拜皇恩入帝鄉。百歲雙親膺紫誥，二宮逢陷雁孤單，貞臨三位配賢淑，良子星得地克紹書香。且論目今行某限，某生不喜見擎羊，一交某限吉星聚，遊泮還期幫補糧，當此步蟾而析桂，鹿鳴晏上喜揚揚。藍袍脫換青袍著，閭里爭先覩道傍。燦燦奎婁聯碧漢，錚錚絲竹奏絃樓。再入某限科祿地，春闈三戰奪魁名。官居縣令承恩寵，廣施善政牧斯民。男兒大志從斯展，到此英名正烈轟。某限也應防一厄，梧崗風木慎憂刑。幸得尚有祥星集，蟾從觸後展光明。某限官鄉名顯赫，重陞拔擢耀神京。于公大廈容重馬，謝氏芝蘭庭下生，古稀一到春光逝，唱罷陽關別故人。

【原文解釋】

在人的命格中，命宮要居旺，身宮也要居旺，很強勢，這個命理格局才會好。並且要在命宮的三合宮位、四方宮位中都要有吉星，才會吉祥彰顯。就像天梁居廟在午宮坐命的命局，有天梁化祿坐命的命格是清高和最高貴的命格。再有天壽星、台輔星在命宮，或有左輔、右弼星在命宮，左右前後相夾是最好的。有化祿、化權在三合宮位中一起來拱照，一定會受主政者的企重而成為接近權力之人。這種命格的人，會有高壽的父母，能因此人而貴顯。在命格中兄弟宮有主星落陷的人或有陀羅居陷的人會沒有兄弟姐妹而孤單。有廉貞星在夫妻宮的人，會有賢能淑德的配偶。子女宮有天梁星居旺的人，兒子會繼承書香而傳家。要看其人目前是到那一個大運。就是不能是擎羊運！會有刑傷之事。一交脫到有吉星多的運程。在學宮中遊學泮讀還期望著有一些補助。就在這時候，會因讀書，成績好，得到頭等優秀的成績，並且在鄉試及第的宴會上喜氣揚揚，得到讚賞。從穿著布衣的身份換上具有功名資格的身份。鄉里鄰居都爭先恐後的在道旁迎接這位鄉榜得中的人。美麗明亮的奎星、婁星在天空銀河中燦爛照耀連成一氣。清脆好聽的樂曲在彩樓上吹奏著。（比喻是鄉里之光，有鄉親引以為傲而為之慶祝）。再進入另一個好運期，是有化科、化祿三合照守的好運期了，在國家考試上連中三元，奪得榜首之名，得到縣令的官階，而開始施展好的政績來幫助百姓。做為一個男子漢大丈夫的志向從此開始施展了。在這個時候，好的名聲正轟轟烈烈的傳出去。在某些有變化的限運中，也要防到有一些災厄。要小心家鄉有親人亡故的憂慮和刑剋。幸而還有吉祥的星曜在這個運程中，因而在有烏雲遮月之後又能展現光明。到了另一個好的運程時，可以在做官的路途上得到顯赫的地位了。好幾次重重的拔擢升官，榮耀讓國都的人都知曉了，此時可住在高樓大廈、豪華的宅院之中，又有非常豪華的車馬可乘坐。家宅中充滿著吉祥瑞氣。到了七、八十歲的時候，年華老去，時候到了，便壽終正寢。

【解析】

※鹿鳴晏：是古代舊制鄉試及第的晏會。

※梧崗風木：指家鄉的親人亡故。主要是指父母亡故。古時父母亡故，要丁憂三年，

不得出仕為官，須在家丁憂，故此事會影響官途順利。

※此段文字並不是一直講得是天梁坐命午宮的人。因句中有『二宮逢陷雁孤單，貞臨三位配賢淑』等句，天梁坐命午宮者，兄弟宮是天相居得地之位，兄弟可有二、三人。夫妻宮是巨門陷落，也不是廉貞星。

23. 批命(二)

【原文】

批命(二)　紫府同宮旺，喜得輔弼纏。才官兼吉曜，名利自然全。當生不合局，格理難將貴，宿作虛言。三方又見擎羊混，應別青雲足下生。妙得金星司財庫，期君早富並春申。命主臨財財巨萬，著星守命福盈餘。縱逢剋化何為害，君子小人涇渭分。太陽星陷父先逝，太陰光照母年延。棠棣花枝墜，惡殺在其垣。貪狼居妻位，硬配沒刑前，子宮北斗兼南斗，彩蓮先見後麒麟。試論於今限某星，此星惡虐要調停，落花不是無春色，只為春光轉換頻。某歲又交某星限，某星得地主昌榮，更妙喜色重重吉，明珠常捧掌中珍。向陽花木春無限，得水魚龍氣象新。四九年臨某限裡，車行蜀道阻其輪。交來某限星廣旺，雨過江山一晝屏。東鄰告偕紛然至，西室償錢不住停。某年某限行吉地，人安物泰喜洋盈，田畔添田屋伴屋，樓豎礙月紫連雲。某年之內某月裡，八珍湯散服頻頻。尚幸大限無忌殺，還誇老景愈安寧。老梅經雪香猶在，佇看芝蘭絕勝榮。某年之內春已艾，子規啼罷恨長城。

【原文解釋】

紫微、天府同宮居旺坐命，最好有左輔、右弼同宮，或在對宮相照，財帛宮和官祿宮也要有吉星，其人的名聲和財富自然會全都有了。倘若沒有這些條件時，其命理格局便很難是主貴的格局的，一切就會不實在了。倘若三合宮位中（指財、官二宮）又有擎羊星混雜在其中，就要小心有不順利的命程狀況產生了。此命格最妙最好的是有武曲金星在財帛宮，此人會很早便富有像春申君一般。命宮中有財星居旺入宮的人，會有億萬的財富。財星坐命的人，福氣很多，一切豐富盈盛，年年有餘。縱使逢到有刑剋之事可化解之，是不會為害的。而且財星坐命的人是黑白是非分明的人，同時也是君子人和小人是分得很開、很清楚的。

在人之命格中，有太陽星居陷時，是父親先亡故去逝。有太陰居旺時是母親可益壽延年，活得很久。倘若兄弟宮不好，必有惡星、殺星在兄弟宮中。夫妻宮有貪狼星時，宜晚婚減少刑剋。子女宮有屬於北斗星曜和南斗星曜一同在宮位中時，就會是先生女兒後生兒子。

先談目前的限運正走在弱運，有煞星的凶刑須要調制。此運並不是不好，只是在轉換運氣的時候。到另一年又交到好運的運限時，有吉星居得地、居旺時則會有吉昌、榮盛的景況了，更會有喜事重重的情形，可以得到一些值得珍貴的東西。運氣十分好，一切稱心如意，如魚得水。到四十九歲的限運裡，運氣有一些阻礙，接下來又到了好運的時候，衰運離去像雨過天青一般，前途又一片大好。左右鄰居、朋友紛紛來借錢、還錢，表示人緣寬廣、和諧。再接下來，又是好運的運限，家中人物都吉祥安泰、有福氣，又買田產，又增房產，所住的樓宇都高得遮住月亮了（比喻家富住高樓大廈）。到了老年的限運中有一些不好的運程，會有病災服藥的時刻，但幸好大運中沒有化忌星和殺星，所以可平安度過。在過得一些平靜的日子，享受清閒富貴的老年生活之後，又在逢到弱運時，春天已盡了，也到了油盡燈枯的時刻，子規鳥悲啼時，此人就羽化登仙，西歸而亡了。

如何選取喜用神

(上冊)選取喜用神的方法與步驟
(中冊)日元甲、乙、丙、丁選取喜用神的重點與舉例說明
(下冊)日元戊、己、庚、辛、壬、癸選取喜用神的重點與舉例說明

每一個人不管命好、命壞，都會有一個用神和忌神。
喜用神是人生活在地球上磁場的方位。
喜用神也是所有命理知識的基礎。
及早成功、生活舒適的人，都是生活在喜用神方位的人。
運蹇不順、夭折的人，都是進入忌神死門方位的人。
門向、桌向、床向、財方、吉方、忌方，全來自於喜用神的方位。
用神和忌神是相對的兩極。
一個趨吉，一個是敗地、死門。
兩者都是人類生命中最重要的部份。
你算過無數的命，但是不知道喜用神，還是枉然。
法雲居士特別用簡易明瞭的方式教你選取喜用神的方法，
並且幫助你找出自己大運的方向。

如何觀命・解命
如何審命・改命
如何轉命・立命

法雲居士⊙著

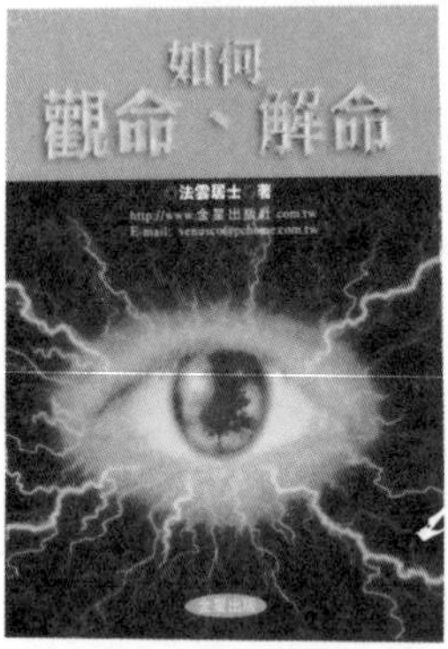

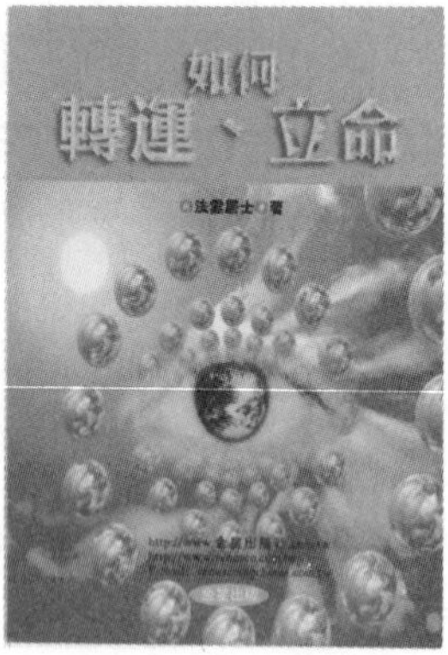

古時候的人用『批命』，是決斷、批判一個人一生的成就、功過和悔吝。
現代人用『觀命』、『解命』，是要從一個人的命理格局中找出可發揮的潛能，來幫助他走更長遠的路及更順利的路。
從觀命到解命的過程中需要運用很多的人生智慧，但是我們可以用不斷的學習，就能豁然開朗的瞭解命運。

一般人從觀命開始，把命看懂了之後，就想改命了。
命要怎麼改？很多人看法不一。
改命最重要的，便是要知道命格中受刑傷的是那個部份的命運？
再針對刑剋的問題來改。
觀命、解命是人生瞭解命運的第一步。
知命、改命、達命，才是人生最至妙的結果。

這是三冊一套的書，由觀命、審命，繼而立命。由解命、改命，繼而轉運，這其間的過程像連環鎖鍊一般，是缺一個環節而不能連貫的。
常常我們對人生懷疑，常想：要是那一年我所做的決定不是那樣，人生是否會改觀了呢？
你為什麼不會做那樣的決定呢？這當然有原因囉！原因就在此書中！

命理生活新智慧・叢書23

如何幫子女找一個好生辰

從歷史的經驗裡，告訴我們
命格的好壞和生辰的時間有密切關係，
命格的高低又和誕生環境有密切關係，
這就是自古至今，做官的、政界首腦人物、精明富有的老闆，永享富貴及高知識文化。
而平民百姓永遠在清苦的生活中與低文化的水平裡輪迴的原因。
人生辰的時間，決定命格的形成。
命格又決定人一生的成敗、運途與成就，每一個人在受孕及出生的那一剎那已然決定了一生！
很多父母疼愛子女，想給他一切世間最美好的東西，但是為什麼不給他『好命』呢？
『幫子女找一個好生辰』就是父母能為子女所做，而很多人卻沒有做的事，有智慧的父母們！驚醒吧！
請不要讓子女一開始就輸在命運的起跑點上！

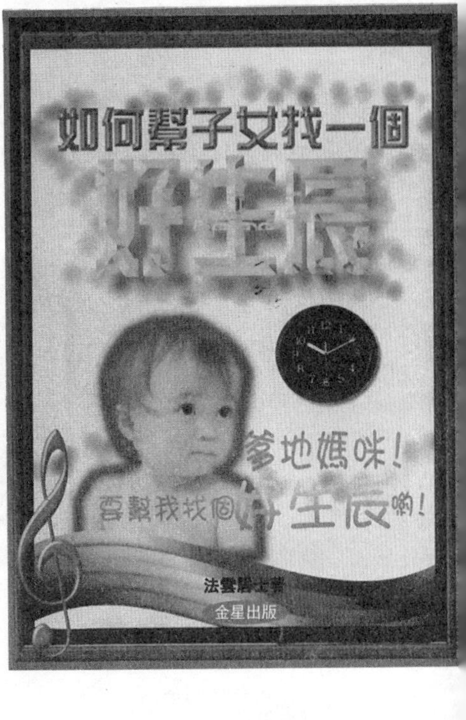

●金星出版●

命理生活新智慧・叢書

如何掌握婚姻運

在全世界的人口中，只有三分之一的人，是婚姻幸福美滿的人，可以掌握到婚姻運。這和具有偏財運命格之人的比例是一樣的。

你是不是很驚訝！婚姻和事業是人生主要的兩大架構。掌握婚姻運就是掌握了人生中感情方面的順利幸福，這是除了錢財之外，人人都想得到的東西。

誰又是主宰人們婚姻運的舵手呢？婚姻運會影響事業運，可不可能改好呢？

每個人的婚姻運玄機都藏在自己的紫微命盤之中，法雲居士以紫微命理的方式，幫你找出婚姻運的癥結所在，再以時間上的特性，教你掌握自己的婚姻運。並且幫助你檢驗人生和自己ＥＱ的智商，從而發展出情感、財利兼備的美滿人生。

法雲居士◎著

金星出版

紫微姓名學

法雲居士⊙著

『紫微姓名學』是一本有別於坊間出版之姓名學的書，
我們常發覺有很多人的長相和名字不合，
因此讓人印象不深刻，
也有人的名字意義不雅或太輕浮，以致影響了旺運和官運，
以紫微命格為主體所選用的名字，
是最能貼切人的個性和精神的好名字，
當然會使人印象深刻，也最能增加旺運和財運了。
『姓名』是一個人一生中重要的符號和標幟，
也表達了這個人的精神和內心的想望，
為人父母為子女取名字時，就不能不重視這個訊息的傳遞。

法雲居士以紫微命格的觀點為你詳解『姓名學』中，
必須注意的事項，助你找到最適合、助運、旺運的好名字。

如何創造事業運

人生中有千百條的道路，
但只有一條，是最最適合你的，
也無風浪，也無坎坷，可以順暢行走的道路
那就是事業運！
有些人一開始就找對了門徑，
因此很早、很年輕的便達到了目的地，
成為事業成功的菁英份子。
有些人卻一直在茫然中摸索，進進退退，虛度了光陰。
屬於每個人的人生道路不一樣，屬於每個人的事業運也不一樣
要如何判斷自己是否走對了路？
一生的志業是否可以達成？
地位和財富能否得到？在何時可得到？
每個人一生的成就，在紫微命盤中都有顯示，
法雲居士以紫微命理的方式，幫助你檢驗人生，
找出順暢的路途，完成創造事業運的偉大工程！

你的財要怎麼賺

這是一本教你如何看到自己財路的書。
人活在世界上就是來求財的！
財能養命，也會支配所有人的人生起伏和經歷。
心裡窮困的人，是看不到財路的。
你的財要怎麼賺？人生的路要怎麼走？
完全在於自己的人生架構和領會之中，
法雲居士利用紫微命理為你解開了這個
人類命運的方程式，
劈荊斬棘，為您顯現出你面前的財路，
你的財要怎麼賺？
盡在其中！

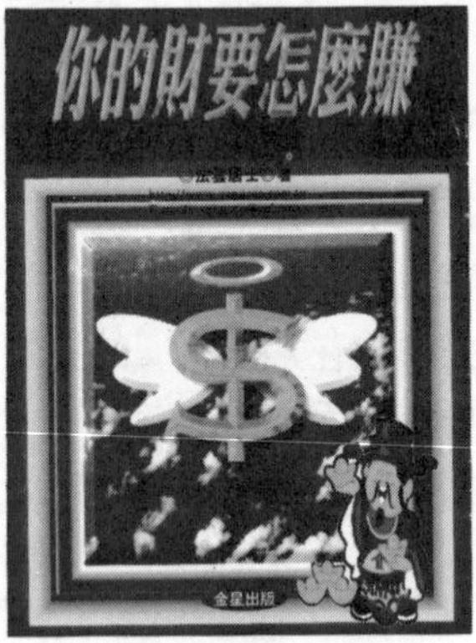

紫微星曜專論

此書為法雲居士重要著作之一，主要論述紫微斗數中的科學觀點，在大宇宙中，天文科學中的星和紫微斗數中的星曜實則只是中西名稱不一樣，全數皆為真實存在的事實。

在紫微命理中的星曜，各自代表不同的意義，在不同的宮位也有不同的意義，旺弱不同也有不同的意義。在此書中讀者可從法雲居士清晰的規劃與解釋中對每一顆紫微斗數中的星曜有清楚確切的瞭解，因此而能對命理有更深一層的認識和判斷。

此書為法雲居士教授紫微斗數之講義資料，更可為誓願學習紫微命理者之最佳教科書。

命理生活新智慧・叢書

紫微斗數全書詳析

《上、中、下、批命篇》四冊一套

◎法雲居士◎著

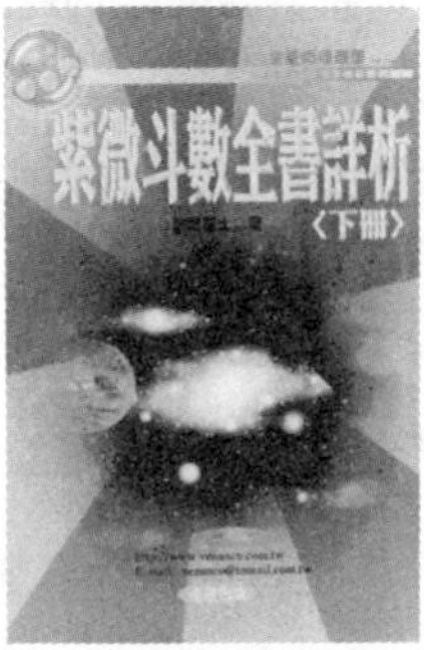

『紫微斗數全書』是學習紫微斗數者必先熟讀的一本書。但是這本書經過歷代人士的添補、解說或後人在翻印上植字有誤，很多文義已有模糊不清的問題。

法雲居士為方便後學者在學習上減低困難度，特將『紫微斗數全書』中的文章譯出，並詳加解釋，更正錯字，並分析命理格局的形成，和解釋命理格局的典故。使你一目瞭然，更能心領神會。

這是一本進入紫微世界的工具書，同時也是一把打開斗數命理的金鑰匙。

紫微面相學

《全新修訂版》

法雲居士⊙著

『面相』是一體兩面的事情，
我們可以從一個人的外表來探測其內心世界，
也可從一個人所發生的某些事情來得知此人的命運歷程。
『紫微面相學』更是面相中的楚翹，
在紫微命理裡，命宮主星便顯露了人一切的外在面貌、
精神與內在的善惡、急躁、溫和。

- 『紫微面相學』能從見面的第一印象中，立刻探知其人的內在性格、貪念，與心中最在意的事與其人的價值觀，並且可以讓你掌握到此人所有的身家資料。
- 『紫微面相學』是一本教你從人的面貌上，就能掌握對方性格、喜好，並預知其前途命運的一本書。
- 『紫微面相學』同時也是溫故知新、面對自己、改善自己前途命運的一本好書！

移民、投資方位學

法雲居士⊙著

這本『移民·投資方位學』是順應現代世界移民潮流而精心研究所推出的一本書，

每個人都有自己專屬的生命磁場的方位，才能生活、生存的愉快順利，也才會容易獲得財富。搞不清自己生命磁場方位而誤入忌方的人，甚至會遭受劫殺。至少也會賺不到錢而窮困。

法雲居士利用紫微命理的方式向你解釋為什麼有些人會在移民或向外投資上發展成功，為什麼某些人會失敗、困頓，怎麼樣才能找對自己的正確方向，使你在移民、對外投資上，才不會去走冤枉路、花冤枉錢。